Tanja Kraus

Materialien und Kopiervorlagen zu

Hans Peter Richter
Damals war es Friedrich

AF638010

Hase und Igel®

Inhalt

„Damals war es Friedrich“ – Das Buch im Unterricht

Das Buch

Mehr als 75 Jahre nach Ende des Zweiten Weltkriegs existiert Antisemitismus nach wie vor in unserer Gesellschaft. Zahlreiche antisemitisch motivierte Übergriffe in den vergangenen Jahren verdeutlichen diese Entwicklung. Jo Frank vom Begabtenförderungswerk der jüdischen Gemeinschaft forderte daher im Juni 2020 in einem Interview der Internetausgabe der Frankfurter Rundschau „konkrete Taten von der gesamten Gesellschaft“ *(https://www.fr.de/wissen/antisemitismus-deutschland-gesellschaft-kaputt-bildungsarbeit-interview-jo-frank-90067009.html)*. Im Fokus steht danach die Frage, was wir gegen die steigende Zahl antisemitisch motivierter Übergriffe tun können. Für Jo Frank ist die Auseinandersetzung mit dem „gesellschaftlichen Antisemitismus“ weiterhin eine gesamtgesellschaftliche Aufgabe in der Bildungslandschaft.

Ein Deutschunterricht, der Kernkompetenzen wie Ausdrucks-, Argumentationsfähigkeit und Reflexionsvermögen fördert, kann auch im Bereich der Literatur einen wichtigen Beitrag leisten, dem gesellschaftlichen Antisemitismus der Gegenwart zu begegnen: indem die Schüler ihn erkennen, benennen und sich von Behauptungen in „Fake News“ distanzieren. Die Entwicklung dieses kritischen Bewusstseins und einer Orientierungskompetenz zum mündigen Handeln erfordert immer eine reflektierende Auseinandersetzung mit Vergangenem. Bezogen auf die Gegenwart (z. B. Antisemitismus in der Corona-Pandemie) lässt sich auf diese Weise auch ein Blick auf die Zukunftsgestaltung einer Gesellschaft werfen.

Eine Lektüre, die diese Vorhaben unterstützt und bis heute nicht an Brisanz verloren hat, ist der 1961 erschienene Roman „Damals war es Friedrich“. Das aus der Perspektive des Ich-Erzählers geschilderte Vorgehen gegen die jüdische Bevölkerung basiert auf der nationalsozialistischen Rassentheorie, die jedoch selbst nicht Gegenstand des Romans ist. Im Fokus steht vielmehr eine sich aufbauende Gewaltspirale, die dem Leser durch den Episodencharakter des Textes bewusst wird.

Gleichzeitig gelingt es, innerhalb der Episodenstruktur Spannung aufzubauen. Dem Autor ist es wichtig, Empathie anzuregen, damit der Leser die Entscheidungen und das Handeln der Protagonisten begreifen und reflektieren kann. Diese Fähigkeit ist – mit einigen wenigen Ausnahmen – bei den Figuren des Romans kaum ausgeprägt und wird deshalb zu einer zentralen Aufgabe des Lesers. Da die Vermittlung von historischem Faktenwissen nicht im Vordergrund steht, ermöglicht Hans Peter Richter eine Auseinandersetzung mit den gesellschaftlichen Rollen der Protagonisten. Er fordert den Leser dazu auf, die eigene Urteilskompetenz weiterzuentwickeln. Dies ermöglicht der Text durch die literarischen Leerstellen und seine multiperspektivische Betrachtungsweise. Sie lassen eine Reflexion der Wahrnehmungen und Wertvorstellungen sowie einen Diskurs über persönliche Verantwortung zu.

Zu den Hauptakteuren des Romans gehören der namentlich nicht genannte Ich-Erzähler und sein jüdischer Nachbar und Freund Friedrich Schneider. Friedrich und seine Familie stehen exemplarisch für die Vielzahl deutscher Juden, die in der Zeit des Nationalsozialismus systematisch angefeindet, entrechtet, gewaltsam verfolgt und somit Opfer der sich damals verbreitenden Ideologie wurden. Nach und nach erleben die Schneiders von 1925 bis 1942, wie Benachteiligung, Bedrohung und Gewalt ihr Alltagsleben prägen.

In 32 chronologisch angeordneten und in sich geschlossenen Kapiteln erzählt – mit einer Ausnahme – der mit Friedrich befreundete Ich-Erzähler das Schicksal der jüdischen Familie Schneider. Das vorliegende Jugendbuch eignet sich besonders für die Jahrgangsstufen sieben bis zehn, da der Text eine bedeutsame frühe Auseinandersetzung mit dem Thema Nationalsozialismus und der Verfolgung der Juden ermöglicht. Die kurzen Episoden tragen dazu bei, die Lesemotivation der Schüler zu fördern und zu erhalten.

Das Material

Im Fokus stehen die unterschiedlichen Formen von Gewalt, die Friedrich und seine Eltern erfahren. Kopiervorlagen zu zentralen Stellen des Romans zeigen die Entwicklung der Gewaltspirale in mehreren Stufen und verdeutlichen das Erstarken des NS-Regimes sowie die fortschreitende Ausprägung des Antisemitismus. Wesentliches Erkennungsmerkmal dabei ist, dass die Abstände zwischen den Gewalttaten immer kürzer werden und die Intensität stetig zunimmt. Das erforderliche Hintergrundwissen erschließen sich die Schüler über unterschiedliche Zugangsweisen, wie der Analyse von Konfliktsituationen und der Charakterisierung der Akteure als Opfer, Täter und Zuschauer. Des Weiteren thematisiert dieser Band die Geschichte und religiöse Bräuche des Judentums. Indem sich die Schüler empathisch auf die Figuren einlassen, wird ihr Fremdverstehen gefördert. Auch die Fähigkeit zur Distanz und die kritische Auseinandersetzung sind Kompetenzen, die die Schüler im Unterricht weiterentwickeln sollen. Schreibanlässe wie ein Tagebucheintrag, ein innerer Monolog, ein Brief oder ein Dialog eröffnen Möglichkeiten, sich mit den Figuren intensiv zu beschäftigen.

Unter der Rubrik „Kreativ aktiv“ bietet das Begleitmaterial mehrere Angebote für eine aktive Schülerbeteiligung, z. B. in Form eines Standbildes oder eines Rollenspiels. Um eine schülerorientierte Auseinandersetzung zu fördern, werden ausgewählte Methoden des kooperativen Lernens vorgestellt. Konzipiert ist das Material als reichhaltige Fundgrube, aus der Sie je nach Schwerpunktsetzung, Interesse und Kenntnisstand der Schüler auswählen können.

Das Material ist in sechs Einheiten gegliedert und orientiert sich am chronologischen Handlungsverlauf des Romans. Jeder Bereich beginnt mit einem Lehrerteil, der zunächst eine kurze inhaltliche Zusammenfassung zu jedem Kapitel beinhaltet. Darauf folgen didaktische Hinweise und Lösungen zu den Kopiervorlagen, Gesprächs- und Schreibanlässe sowie Vorschläge für eine kreative Beschäftigung mit anknüpfenden Themen. Direkt im Unterricht einsetzbare Kopiervorlagen schließen jede der sechs Einheiten ab. Empfehlenswert ist die Arbeit mit einem Lesetagebuch in Form eines DIN-A4-Hefters. Darin sammeln die Schüler ausgefüllte Arbeitsblätter und beschäftigen sich mit weiterführenden Aufgabenstellungen. Am Ende entstehen umfangreiche Schreibprodukte, die sich auch für eine schulinterne Präsentation oder Ausstellung nutzen lassen.

Signets am oberen Seitenrand verdeutlichen den thematischen Schwerpunkt jeder Kopiervorlage:

Zur Lektüre

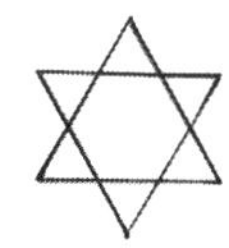

Judentum

Nationalsozialismus und Antisemitismus

Handeln abwägen

Wertvolle Erkenntnisse und Anregungen durch die Beschäftigung mit dem Jugendbuch und dem vorliegenden Materialband wünscht Ihnen und Ihren Schülern

Tanja Kraus

Vor der Lektüre

Als Hinführung zum Thema der Lektüre bietet sich der Titel des Romans an: Der heute ungewöhnliche Name Friedrich und der Bestandteil „damals war" lassen auf ein Thema in der Vergangenheit schließen. Gleichzeitig impliziert der gesamte Titel die Frage „Und heute?", was auf einen Romaninhalt schließen lässt, der immer noch aktuell ist. Um einen Bogen zu spannen, kann der Titel nach der Lektüre wieder aufgegriffen werden (siehe S. 61).

Auf der folgenden Kopiervorlage findet sich ein weiterer Vorschlag zum Einstieg in die Lektüre über das Thema Menschenrechte. Die Schüler erkennen die Wichtigkeit der einzelnen Rechte, ihr Rechts- bzw. Unrechtsbewusstsein wird aktiviert. Bei der anschließenden Lektüre des Romans kann die Aufmerksamkeit der Schüler immer wieder auf die Unrechtmäßigkeit der NS-Politik insgesamt und auf die schrittweise Entrechtung der jüdischen Figuren gelenkt werden.

Unterrichtsschwerpunkte

- Früher und heute
- Menschenrechte und ihre Bedeutung
- Werteerziehung

Zur Kopiervorlage

KV Seite 6

Gleiches Recht für alle?

Diese lektüreunabhängige Kopiervorlage sensibilisiert die Schüler dafür, wie Benachteiligung und Entrechtung aussehen können. Das Arbeitsblatt bietet eine Auswahl aus der „Allgemeinen Erklärung der Menschenrechte" der Vereinten Nationen von 1948. Diese Menschenrechte stellen die Basis der Grundrechte im Grundgesetz der Bundesrepublik Deutschland und vieler anderer Länder dar. Menschenrechte definieren sich dadurch, dass sie universell für alle Menschen gelten, unabhängig davon, ob ein Staat sie gewährleistet oder nicht. Allerdings stellen sie nur Richtlinien und keine Gesetze dar. Erst als Teil der Grundrechte sind sie staatlich anerkannt und somit auch konkret und einklagbar. Je nach Jahrgangsstufe oder Interesse können Sie Ihre Klasse vorab genauer über diese Definitionen aufklären. Als Hintergrundinformationen für Sie und Ihre Schüler zum Thema Menschenrechte und zu ihrem Verhältnis zu den Grundrechten steht auf der Homepage der Bundeszentrale für politische Bildung das Heft „Grundrechte" aus der Reihe „Informationen zur politischen Bildung" (Heft 305) kostenlos als Download zur Verfügung *(https://www.bpb.de/shop/zeitschriften/informationen-zur-politischen-bildung/7800/grundrechte)*.

Weitere hilfreiche Texte und Infos bieten Ihnen folgende Seiten:

- *https://www.un.org/depts/german/menschenrechte/aemr.pdf* (voller Wortlaut der „Allgemeinen Erklärung der Menschenrechte" der Vereinten Nationen)
- *https://www.bpb.de/internationales/weltweit/menschenrechte/* (Dossier zu den Menschenrechten der Bundeszentrale für politische Bildung)
- *www.menschenrechtserklaerung.de* (Erklärung und Auslegung der Menschenrechte)
- *https://www.lpb-bw.de/verletzungen.html* (Verletzungen der Menschenrechte, auch Bezug zur NS-Zeit)

Unabhängig von diesen Fakten können Sie die Kopiervorlage auch nur als Denkanstoß und Diskussionsgrundlage nutzen. Vor allem bei Aufgabe 1 gibt es kein Richtig oder Falsch. Lassen Sie die Schüler ihre Auswahl begründen. Falls für Aufgabe 2 bei den Schülern zu wenig Vorwissen vorhanden ist, können Sie gezielt Länder wie China, Nordkorea, Russland oder Iran aufzählen und nach der Situation der Meinungsfreiheit fragen. Als weitere Beispiele bieten sich Länder mit Todesstrafe oder Foltermethoden an (z. B. China, Pakistan, Saudi-Arabien, Iran, USA). Spannend kann auch sein, dass die Schüler etwa bei Aufgabe 3 feststellen, dass Menschenrechte durch Gesetze eingeschränkt sein können (z. B. kann trotz der Versammlungsfreiheit in Art. 20 eine Demonstration aus Sicherheitsgründen verboten werden) oder dass Menschenrechte miteinander in Konflikt treten können (z. B. die Meinungsfreiheit mit dem Schutz vor Diskriminierung anderer Religionen).

Je nach Vorkenntnissen und Schwerpunktsetzungen der Schüler wird sich die Diskussion in verschiedene Richtungen entwickeln. Ziel sollte sein, dass die Schüler dafür sensibilisiert werden, dass es Menschenrechte gibt. Dieses Bewusstsein kann beim Roman „Damals war es Friedrich" und der darin thematisierten systematischen Menschenrechtsverletzung der Nationalsozialisten gegenüber Juden immer wieder aufgegriffen werden (z. B. nach den Kopiervorlagen „Boykott auf dem Heimweg", „Der Ball kommt ins Rollen", „Ein verräterischer Vorname", „Wer hilft Friedrich?").

Gleiches Recht für alle?

Schon seit der Antike machen sich Leute darüber Gedanken, dass jeder Mensch – sozusagen als Teil seiner menschlichen Natur – Rechte hat. Eine mögliche Definition dieser Menschenrechte haben die Vereinten Nationen am 10. Dezember 1948 in der „Allgemeinen Erklärung der Menschenrechte“ festgehalten. In vielen Staaten ist sie die Basis für die gesetzlich verankerten Grundrechte, so wie es im Grundgesetz der Bundesrepublik Deutschland der Fall ist.

„Allgemeine Erklärung der Menschenrechte“ der Vereinten Nationen

Art. 1: Alle Menschen sind frei und gleich an Würde und Rechten geboren. Sie sind mit Vernunft und Gewissen begabt und sollen einander im Geiste der Brüderlichkeit begegnen.

Art. 2: Jeder hat Anspruch auf alle in dieser Erklärung verkündeten Rechte und Freiheiten, ohne irgendeinen Unterschied, etwa nach Rasse, Hautfarbe, Geschlecht, Sprache, Religion, politischer oder sonstiger Anschauung, nationaler oder sozialer Herkunft, Vermögen, Geburt oder sonstigem Stand.

Art. 3: Jeder hat das Recht auf Leben, Freiheit und Sicherheit der Person.

Art. 5: Niemand darf der Folter oder grausamer, unmenschlicher oder erniedrigender Behandlung oder Strafe unterworfen werden.

Art. 7: Alle Menschen sind vor dem Gesetz gleich und haben ohne Unterschied Anspruch auf gleichen Schutz durch das Gesetz. Alle haben Anspruch auf gleichen Schutz gegen jede Diskriminierung, die gegen diese Erklärung verstößt, und gegen jede Aufhetzung zu einer derartigen Diskriminierung.

Art. 9: Niemand darf willkürlich festgenommen, in Haft gehalten oder des Landes verwiesen werden.

Art. 12: Niemand darf willkürlichen Eingriffen in sein Privatleben, seine Familie, seine Wohnung und seinen Schriftverkehr oder Beeinträchtigungen seiner Ehre und seines Rufes ausgesetzt werden. [...]

Art. 16: Heiratsfähige Männer und Frauen haben ohne jede Beschränkung auf Grund der Rasse, der Staatsangehörigkeit oder der Religion das Recht, zu heiraten und eine Familie zu gründen. Sie haben bei der Eheschließung, während der Ehe und bei deren Auflösung gleiche Rechte. [...]

Art. 18: Jeder hat das Recht auf Gedanken-, Gewissens- und Religionsfreiheit [...].

Art. 19: Jeder hat das Recht auf Meinungsfreiheit und freie Meinungsäußerung; dieses Recht schließt die Freiheit ein, Meinungen ungehindert anzuhängen sowie über Medien jeder Art und ohne Rücksicht auf Grenzen Informationen und Gedankengut zu suchen, zu empfangen und zu verbreiten.

Art. 20: Alle Menschen haben das Recht, sich friedlich zu versammeln und zu Vereinigungen zusammenzuschließen. [...]

1. **Markiere drei Menschenrechte blau, die dir besonders wichtig erscheinen.**
2. **In welchen Ländern werden Menschenrechte verletzt? Sammle Beispiele und markiere die betroffenen Rechte rot.**
3. **Welche Menschenrechte werden deiner Meinung nach bei uns verletzt? Nenne Beispiele und markiere orange.**

1. bis 10. Kapitel: Unter einem Dach

Inhalt

(1) In einem Rückblick ins Jahr 1925 stellt der Ich-Erzähler die Bewohner des Hauses vor. Zu ihnen gehören der Hausbesitzer und Großhandelsvertreter Herr Resch und seine Frau. Im ersten Stock wohnen die Eltern des Ich-Erzählers. Da der Vater arbeitslos ist, plant er einen Umzug in eine kleinere Wohnung. Kurze Zeit später kündigt sich aber der Ich-Erzähler an und wird 1925 in ein Jahr der Inflation, der Not und der Arbeitslosigkeit hineingeboren. Wenige Tage nach der Geburt bekommen auch die Nachbarn im zweiten Stock einen Sohn – Friedrich Schneider. Sein Vater arbeitet als Postbeamter, die Mutter ist Hausfrau. Als beide Kinder auf der Welt sind, haben die Familien mehr Kontakt miteinander.

(2) Zum ersten Mal spielen die beiden Jungen in der Wohnung der Familie des Ich-Erzählers und freunden sich an. Im Anschluss backt die Mutter des Ich-Erzählers mit ihnen Reibekuchen. Nach dem gemeinsamen Essen baden die Nachbarskinder. Als die Mutter Friedrich abtrocknet, bemerkt sie, dass er Jude ist.

(3) Da es schneit, möchte der Ich-Erzähler ins Freie. Seine Mutter muss jedoch noch einige Arbeiten erledigen. Derweil beobachtet der Ich-Erzähler, wie Frau Schneider und ihr Sohn miteinander im Schnee spielen. Ausgehbereit blicken der Ich-Erzähler und seine Mutter auf den Schneemann der Familie Schneider. Sie sehen, dass Friedrich auf einen Schneehügel steigt und einsinkt. Herr Resch bemerkt dies und beschimpft Friedrich als „Judenbengel“, da sich unter dem Schnee sein Rosenstrauch befindet. Daraufhin zieht die Mutter den Ich-Erzähler vom Fenster weg.

(4) Während eines Besuchs kontrolliert der Großvater die Wohnung der Familie und das Erscheinungsbild des Ich-Erzählers. Er wirft seinem Schwiegersohn zu wenig Einsatz bei der Suche nach einem Arbeitsplatz und eine falsche Berufswahl vor. Da der Großvater die Familie finanziell unterstützt, widerspricht der Vater ihm nicht. Ein dumpfes Geräusch aus dem zweiten Stock unterbricht den Monolog. Auf Nachfrage des Großvaters erzählt der Vater von der jüdischen Familie Schneider. Daraufhin erinnert sich der Großvater an einen jüdischen Vorgesetzten, über den er voller Vorurteile spricht, und macht die Juden für den Tod Jesu verantwortlich. Als der Vater widerspricht, verbietet der Großvater den Kontakt zwischen den beiden Jungen. Friedrich klingelt und bittet den Ich-Erzähler herauf, doch die Mutter des Ich-Erzählers schlägt die Bitte aus. Auf die Nachfrage des Großvaters antwortet die Mutter allgemein und ausweichend.

(5) Der Ich-Erzähler spielt mit Friedrich in der Wohnung der Familie Schneider. Im Zimmer fällt ihm eine Schriftkapsel am Türpfosten auf, die das Haus segnet, wie ihm Frau Schneider erklärt. Frau Schneider führt den Nachbarjungen aus dem Zimmer, da sich Friedrich umziehen muss. In der Zwischenzeit beobachtet der Ich-Erzähler einige festliche Vorbereitungen. Auf Nachfrage erfährt er von der Sabbatfeier und wird Zeuge zahlreicher Rituale. Als die Mutter des Ich-Erzählers nach Hause kommt, verlässt der Junge die Feier. Familie Schneiders Gesänge hört er jedoch, bis er einschläft.

(6) Am Tag der Einschulung öffnet Friedrich stolz seine große Schultüte, während der Ich-Erzähler warten muss. Nach der Schule gehen beide Familien auf den Rummelplatz. Die Eltern des Ich-Erzählers müssen wegen ihrer finanziellen Situation Geld aus der Haushaltskasse nehmen, was sie vor Familie Schneider verheimlichen. Da die Schneiders die Kosten übernehmen, revanchiert sich der Vater des Ich-Erzählers mit einer für ihn bezahlbaren Süßigkeit und einer Erinnerungsaufnahme in Form von Postkarten. Zu Hause darf der Ich-Erzähler seine Schultüte öffnen und findet darin nur Zwieback und Zeitungspapier. Die Mutter betont die Armut der Familie und schlägt auf die Frage ihres Mannes nach dem Mittagessen die Postkarten vor, die ja vom Haushaltsgeld bezahlt worden sind.

(7) Auf dem Heimweg von der Schule sehen die beiden Jungen, dass das Türschild von Friedrichs Hausarzt, Dr. Askenase, beschmiert ist. Sie klingeln bei Dr. Askenase. Bereits über den Vorfall in Kenntnis gesetzt, schickt der Arzt beide nach Hause. An der nächsten Ecke entdecken sie eine Menschenmenge vor dem Schreibwarenladen des Juden Abraham Rosenthal. Ein Mann mit Hakenkreuzbinde verbietet auf einem Schild das Einkaufen bei Juden. Als eine ältere Frau trotzdem in den Schreibwarenladen geht, reagieren die Schaulustigen mit Gelächter. Der Inhaber erscheint an der Tür und betrachtet mit ernster Miene die Zuschauer. Friedrich grüßt ihn. Trotz der Aufforderung des Wachpostens, den Ort zu verlassen, will Friedrich bleiben. Die Situation entspannt sich erst, als Herr Schneider dazukommt und die Jungen nach Hause bringt.

(8) Friedrich begleitet den Ich-Erzähler zu einem Treffen des Deutschen Jungvolks, wovon sein Vater nichts wissen darf. Seine Identität soll der jüdische Junge dort verschweigen. Der Ich-Erzähler zeigt Friedrich, wie das äußere Erkennungszeichen, ein dreieckiges Halstuch, korrekt anzulegen ist. Friedrich fixiert das Tuch stolz mit einer Hakenkreuz-Schlaufe. Bei dem Treffen erläutert ein

Sonderbeauftragter der Gauleitung in einer Rede, welche Gefahr die Juden darstellen. Am Ende will der bucklige Mann Friedrich dazu zwingen, die Parole „Die Juden sind unser Unglück“ laut nachzusprechen, und schiebt die Schlaufe seines Halstuchs in Richtung Kehle. Friedrich ersetzt jedoch das Wort „unser“ durch „euer“. In der darauffolgenden Stille kann er das Treffen ungehindert verlassen, seine Halstuchschlaufe bleibt in der Hand des Sonderbeauftragten zurück.

(9) Beim Ballspiel von Friedrich und dem Ich-Erzähler geht die Scheibe einer Vitrine zu Bruch. Vor neugierigen Schaulustigen beschimpft die Besitzerin den jüdischen Jungen und macht ihn verantwortlich, obwohl der Ich-Erzähler die Schuld für das Missgeschick auf sich nimmt, weil er den Ball geworfen hat. Sie schlägt Friedrich und berichtet dem herbeigerufenen Polizisten von der Angelegenheit. Der Schutzmann ist von Friedrichs Schuld überzeugt und streitet die Aussagen des Ich-Erzählers ab. Begleitet von neugierigen Zuschauern und der Geschädigten, bringt der Polizist die beiden Jungen nach Hause. Unterwegs begegnet ihnen Herr Schneider, der sich anhand der Schilderungen einen Überblick verschafft. Er fordert die Frau auf, Anzeige zu erstatten, falls sie ihre Aussagen beeiden könne, und bezahlt den entstandenen Schaden.

(10) Herr Schneider, Friedrich und Herr Resch begegnen sich im Treppenhaus. Im Beisein des Vaters des Ich-Erzählers kündigt Herr Resch das bestehende Mietverhältnis auf. Als der Vater des Ich-Erzählers den geltenden Kündigungsschutz anspricht und der Eigentümer ihn deshalb zurechtweist, zieht er sich aus dem Gespräch zurück. Erfolglos versucht Herr Schneider, Herrn Resch von dem Vorhaben abzubringen. Auf Nachfrage erfährt er, dass die Familie ausziehen muss, da sie Juden seien.

Unterrichtsschwerpunkte

- Figurenkonstellation des Romans
- Einstellungen und Konflikte reflektieren
- Argumentieren
- Wertschätzung für Religionen
- Freundschaft und Zusammenhalt
- antisemitische Vorurteile und die Rassenideologie der Nationalsozialisten

Zu den Kopiervorlagen

KV Seite 16

Drei Familien unter einem Dach

Diese Kopiervorlage dient dem Kennenlernen der zentralen Figuren des Romans, wie sie im Kapitel „Vorgeschichte“ eingeführt werden. Als Einstieg bietet es sich an, einen lebensweltlichen Bezug herzustellen und die Schüler nach ihrer Wohnsituation zu befragen: Wohnen sie seit ihrer Geburt in dem gleichen Haus oder in der gleichen Wohnung? Sind sie schon einmal umgezogen oder haben einen Umzug in der Nachbarschaft miterlebt? Leiten Sie anschließend zur Lektüre über: zu den Hausbewohnern und ihrer Wohnsituation sowie zu deren persönlicher und gesellschaftlicher Situation. Mithilfe eines Schaubildes erarbeiten die Schüler in Einzelarbeit relevante Informationen, um die weiteren Geschehnisse auch örtlich einordnen zu können. Die erforderlichen Angaben entnehmen sie der Lektüre. Aufgabe 2 lässt sich als Impuls nutzen, im Unterrichtsgespräch auf die Charaktereigenschaften des „Herrschers“, also Herrn Reschs, zu schließen: gebieterisch, dominierend, herrisch bis hin zu tyrannisch gegenüber seinen Mietern. Bei der folgenden Lektüre des Romans wird den Schülern deutlich werden, dass diese Eigenschaften für Familie Schneider zum Problem werden.

Lösung

Aufgaben 1, 2 und 3:

Hausbewohner		Berufliche Situation
Familie Schneider	Bereich: Untertanen	Beamter
Familie des Ich-Erzählers		Arbeitssuchender
Herr und Frau Resch	Bereich: Herrscher	Hausbesitzer und Großhandelsvertreter

Gesellschaftliche Situation: Geldentwertung/Inflation, Arbeitslosigkeit, Not

KV Seite 17

Einwände?!

Als Einstieg zu dieser Kopiervorlage bietet sich der Unterrichtsvorschlag „Machtposition“ (siehe S. 14) an. Auf dem Arbeitsblatt entlarven die Schüler die Vorurteile des Großvaters gegenüber Geheimrat Cohn und Friedrich, die er im Kapitel „Großvater“ äußert. Sie formulieren stellvertretend für die Eltern des Ich-Erzählers treffende Einwände. Ziel ist es, die Position so überzeugend zu vertreten, dass der Großvater sich ihr anschließen kann. Für die Bearbeitung eignet sich eine arbeitsteilige Partnerarbeit. Als weiterführende Auseinandersetzung kann die Idee „Den Schluss verändern“ (siehe S. 13) aufgegriffen werden.

Lösung

Aufgabe 1:

Standpunkt des Großvaters:

„Ich mag mich gar nicht gern an den Geheimrat Cohn erinnern.“

„Ich wünsche nicht, dass der Junge mit diesem Judenbuben verkehrt!“

Aufgabe 2:

zu Geheimrat Cohn:

Geheimrat Cohn ist Jude. Der Großvater hält sein Verhalten als Vorgesetzter für hinterhältig und das Anlegen des Gebetstuches für lächerlich. > Der Großvater verallgemeinert eine persönliche Abneigung gegen eine Person auf „die Juden“ und kritisiert ein religiöses Ritual des Judentums, weil es ihm fremd ist.

zu Friedrich:

Friedrich ist Jude. Der Großvater macht die Juden dafür verantwortlich, dass Jesus gekreuzigt wurde. > Dieser Vorwurf an „die Juden“ ist ein historischer Allgemeinplatz, der in keiner Weise mit einzelnen Personen zusammenhängt oder als Verallgemeinerung „den Juden“ vorgeworfen werden kann.

Aufgabe 3:

zu Geheimrat Cohn:

Es ist doch besser, wenn Geheimrat Cohn freundlich auf Fehler hinweist. Dadurch können die Beteiligten auch weiterhin einen freundlichen Umgang miteinander pflegen. Er scheint keinen seiner Mitarbeiter angreifen oder bloßzustellen zu wollen. Ihm geht es sicher darum, dass jeder seine Arbeit korrekt macht. In der Ausübung seiner Religion ist Geheimrat Cohn doch frei. Wir richten unser Leben schließlich auch nach dem Christentum aus und feiern z. B. Weihnachten oder tragen ein goldenes Kreuz um den Hals.

zu Friedrich:

Friedrich ist ein höflicher Junge. Noch nie haben wir ein böses Wort von ihm gehört. Er ist gut erzogen. Die beiden Jungen lernen voneinander und haben sich mittlerweile sehr gut angefreundet. Es kommt nicht darauf an, welche Religion Friedrich hat, sondern welche Charaktereigenschaften.

KV Seite 18

Familie Schneider feiert

Im Kapitel „Freitagabend“ geht es um den Sabbat, den wöchentlichen Ruhe- und Feiertag des jüdischen Glaubens. Es ist der Samstag als siebter Tag der Woche. Dieser basiert darauf, dass Gott die Welt in sechs Tagen erschuf und am siebenten ruhte. Deshalb heiligte Gott diesen Tag. Im 2. Buch Mose ist der Sabbat als eines der Zehn Gebote festgelegt. Im Christentum hingegen ist der heilige Ruhetag der erste Tag der Woche, der Sonntag (vgl. Mt 28,1). Der Sabbat beginnt für die Juden am Freitagabend. Bis zum Sonnenuntergang am Samstagabend dürfen die Gläubigen nichts tun, was in Zusammenhang mit Arbeit steht. Die Kopiervorlage bietet einen Überblick über Vorbereitungen und Ablauf der Sabbatfeier. Die Aspekte, die im Buch nicht erwähnt werden, ergeben das Lösungswort. Dadurch beschäftigen sich die Schüler noch einmal intensiv mit dem Text der Lektüre. Zur Abrundung der Stunde finden Sie unter „Kreativ aktiv“ die Möglichkeiten, eine „Einladung zum Sabbat“ zu gestalten oder sich über „Religiöse Feste“ zu informieren (beides auf S. 14).

Lösung

Ablauf	keine Erwähnung	
Freitags putzt Frau Schneider die Wohnung.	☐	E
Sie bereitet die Mahlzeiten vor.	☒	S
Frau Schneider zündet Feuer im Ofen an, damit es die Speisen warmhält.	☒	A
Sie backt auch das sogenannte Sabbatbrot.	☒	B
Friedrich wäscht sich und zieht sich Festtagskleidung an.	☐	E
Frau Schneider deckt den Tisch. Dazu gehört auch ein Kerzenleuchter.	☐	S
Auf dem Platz des Vaters legt sie die Sabbatbrote bereit, daneben steht ein Weinbecher.	☐	T

Alle Vorbereitungen werden freitags vor Sonnenuntergang getroffen, da ab diesem Zeitpunkt der Sabbat beginnt und am Sabbat keine Arbeit verrichtet werden darf.	☒	B
Friedrichs Mutter entzündet die Sabbatkerzen und spricht den Segen.	☐	O
Damit begrüßt sie den Sabbat.	☒	A
Am späten Nachmittag hat Friedrichs Vater den Gebetsgottesdienst in der Synagoge besucht.	☒	T
Dort begrüßen die Gläubigen ebenfalls den Sabbat, der Vorbeter spricht den Sabbatsegen über einem Becher Wein und heiligt den Sabbat.	☒	F
Anschließend beginnt zu Hause die eigentliche Sabbatfeier.	☒	E
Herr Schneider legt seinem Sohn die Hände auf und segnet ihn.	☐	T
Anschließend ehrt Friedrichs Vater seine Frau mit dem „Lob der tüchtigen Hausfrau“.	☐	F
Die Anwesenden versammeln sich um den Tisch. Nach einem Segen trinkt jeder aus dem Weinbecher.	☐	E
Brot und Wein sind die Hauptbestandteile der Sabbatrituale und symbolisieren den Segen der Erde.	☒	I
Vor dem Essen wäscht sich Herr Schneider die Hände und schneidet dann das Sabbatbrot an.	☐	N
Bevor er die Stücke verteilt, bestreut er diese mit Salz.	☐	R
Danach gibt es ein Festessen in mehreren Gängen mit Fisch, Fleisch und Gemüse. Dabei wird geredet und gesungen.	☒	E
Die Rituale setzen sich am eigentlichen Sabbat, dem Samstag, fort. Dazu gehören der Besuch des Gottesdienstes, festliche Mahlzeiten, Erholung und Zeit für die Familie.	☒	R

Lösungswort: Sabbatfeier

KV Seite 19

Rummel am Schulanfang

Für die Beschäftigung mit der Kopiervorlage zum Kapitel „Schulanfang“ bedarf es von Seiten der Schüler einer kleinen Vorarbeit. Aufgabe ist es, ein Foto, eine Glückwunschkarte oder einen Brief von ihrem ersten Schultag mitzubringen und von diesem Ereignis zu erzählen. Folgende Impulse können die Schüler dabei unterstützen:

- Wenn ich an meine Einschulung denke, dann fällt mir als Erstes … ein.
- An folgendes Ereignis erinnere ich mich besonders gern: …
- Neben mir saß …, der/die …
- So sah meine Schultüte aus: …
- Ich bekam an diesem Tag …
- Nach dem ersten Schultag …

Mit der Kopiervorlage werden die Schüler für die unterschiedliche finanzielle Situation der Familien sensibilisiert, die im Buch aufgrund der Perspektive des sechsjährigen Ich-Erzählers zahlreiche Leerstellen aufweist. Damit die Schüler auch in Einzelarbeit die wichtigsten Ereignisse berücksichtigen, enthält das Arbeitsblatt Gedächtnisstützen für die Formulierungen. Differenzierend können die Geschehnisse aus unterschiedlichen Perspektiven verfasst werden. Dabei dienen der Vater des Ich-Erzählers oder Friedrichs Mutter als Identifikationsfigur für die Übernahme von fremden Sichtweisen. Die Möglichkeit zur Binnendifferenzierung entspricht zum einen dem meist koedukativen Klassenverband, zum anderen leistet sie einen Beitrag, nach Interessenlage und Imaginationsfähigkeit auszuwählen.

Mögliche Lösung

Vater des Ich-Erzählers:
Friedrichs Schultüte war größer und hatte mehr Inhalt, aber die beiden Jungen störte es nicht. Öffnen durfte sie unser Sohn jedoch nicht vor den Schneiders. Das wäre meiner Frau und mir peinlich gewesen. Dass Friedrich den Rummelplatz als Ausflugsziel vorgeschlagen hat, hat uns Angst gemacht: So einen Luxus können wir uns eigentlich nicht leisten. Aber ich traute mich nicht, das offen zu sagen. Ausflüchte galten nicht, also gingen wir wenig begeistert mit. Mit einem Teil des Haushaltsgeldes, das meine Frau in der Tasche hatte, und dem Geld, das ich bei mir trug, hatten wir 2,70 (Reichs-)Mark zur Verfügung. Zunächst bezahlte Familie Schneider alles: Karussell, Zuckerwatte, Würstchen, Schiffschaukel. Ich prüfte an jeder Bude, ob das Geld reichte, um ebenfalls etwas zu spendieren. Ich konnte den Rummel gar nicht richtig genießen und fand lediglich bezahlbare Lakritzstangen. Besonders Frau Schneider freute sich aber darüber. Als wir gerade gehen wollten, erblickte ich erleichtert den Stand mit Erinnerungsaufnahmen. Die waren er-

schwinglich. Eine Postkarte behielten wir, die andere überreichte ich Frau Schneider. Zu Hause angekommen, öffnete unser Sohn seine Schultüte und war enttäuscht. Meine Frau erklärte ihm, dass wir arm seien. Ich bemühte mich um Ablenkung und fragte nach dem Essen. Meine Frau schlug angesichts des aufgebrauchten Haushaltsgeldes die Postkarten vor. Finanziell können wir mit Familie Schneider nicht mithalten und trotzdem sind wir Freunde.

Friedrichs Mutter:
Der Junge unserer Nachbarn bekam eine kleinere Schultüte. Er durfte sie auch nicht gleich öffnen. Friedrich ist eingesprungen und hat seinen Inhalt brüderlich geteilt. Es war ein schöner Tag, deshalb wollte mein Mann auch etwas unternehmen. Friedrich schlug den Rummelplatz vor. Unsere Nachbarn wollten eigentlich nicht mitkommen, aber mein Mann ließ nicht locker. Natürlich können wir uns denken, dass unsere Nachbarn nicht viel Geld zur Verfügung haben, da der Vater arbeitslos ist. Sie hätten auch nicht viel bezahlen müssen. Die Jungen hatten viel Spaß. Wir bezahlten Fahrgeschäfte, Zuckerwatte und Bockwurst. Man merkte, dass sich unsere Nachbarn unwohl dabei fühlten. Kurze Zeit später überreichte unser Nachbar jedem eine Lakritzstange – lecker. Zum Schluss entdeckte unser Nachbar den Stand mit den Erinnerungsaufnahmen. Es war eine tolle Idee, den Tag auf diese Weise festzuhalten. Ich erhielt eine Postkarte mit unserem Bild. Zu Hause angekommen, dachte ich an den Jungen: Was wohl in seiner Schultüte war, das er vor uns verbergen musste? Mein Mann und ich wissen doch, wie es finanziell um unsere Nachbarn steht. Sie hätten aber für uns nichts bezahlen sollen. Bestimmt hätten sie das Geld für andere Dinge ausgeben müssen.

KV Seite 20

Boykott auf dem Heimweg

Bereits 1933 begannen die Nationalsozialisten, jüdische Geschäfte, Anwaltskanzleien und Arztpraxen zu ächten, um die Juden aus allen Gesellschafts- und Lebensbereichen auszugrenzen. Die häufig von Gewalt geprägten Aktionen verdeutlichen, dass die NS-Führung die jüdische Bevölkerung als Bestandteil des deutschen Volkes ablehnte. Der Boykott gegen das jüdische Geschäft und die Reaktion der Figuren darauf stehen im Zentrum des Kapitels „Schulweg". Als Hinführung zur vorliegenden Kopiervorlage bietet sich ein rotierendes Partnergespräch zum Thema „Das eigene Lieblingsgeschäft" an (siehe S. 13). Bei der Bearbeitung des Arbeitsblattes können als Differenzierungsmöglichkeit in leistungsschwächeren Klassen die Handlungsrollen für Aufgabe 3 als Wortspeicher vorgegeben werden.

Als weiterführende Anregung nach der Bearbeitung des Blattes bietet sich eine Analyse des Verhaltens der Opfer Dr. Askenase und Abraham Rosenthal an. Beide sind sich in dem Kapitel „Schulweg" bewusst, dass sie das Ziel von Angriffen sind. Der Arbeitsauftrag kann lauten: Lies im Buch nach und beschreibe genau, wie die beiden Juden auf die Angriffe reagieren. Welche Gefühle lassen sich daraus erschließen?

Lösung
Aufgabe 1:
„Kauft nicht beim Juden." (S. 40)

Aufgaben 2 und 3:

Beteiligte	Rollenzuschreibung
1. Menschenmenge	Zuschauer
2. Abraham Rosenthal	Opfer
3. Schildträger / Wachposten	Täter
4. ältere Frau	Helfer des Opfers
5. Friedrich	Helfer des Opfers
6. Ich-Erzähler	Zuschauer
7. Herr Schneider	Schlichter / Zuschauer

Aufgabe 4:
z. B.

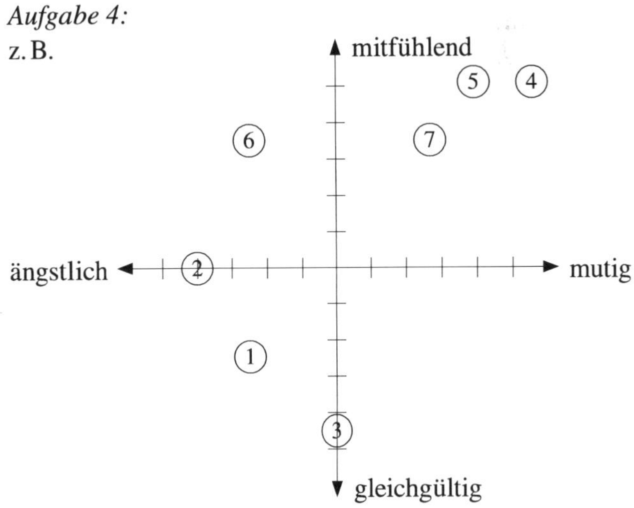

KV Seite 21

Die Tarnung fliegt auf

Bei dieser Kopiervorlage zum Kapitel „Die Schlaufe" geht es um die Faszination, die von der Ideologie des Nationalsozialismus ausgehen kann, sowie um die Entlarvung nationalsozialistischen Gedankenguts. Für Friedrich, der zunächst begeistert zum Jungvolktreffen mitgeht, stellt die Rede des Sonderbeauftragten und die anschließende Entscheidung, sich deutlich davon zu distanzieren, einen wichtigen Wendepunkt dar.

Aufgabe 1 kann gemeinsam im Unterrichtsgespräch erledigt werden, Aufgabe 2 bearbeiten die Schüler am besten in arbeitsgleicher Partnerarbeit. Für den letzten Auftrag eignet sich eine Einzelarbeit, da hier die Reflexions- und Interpretationskompetenz der Schüler gefragt ist. Nach der Bearbeitung des Blattes bieten sich die vertiefenden Vorschläge „Denkblasen" (siehe S. 13) und/oder „Unterredung mit dem Fähnleinführer" (siehe S. 15) an.

Lösung

Aufgabe 1:

äußeres Zeichen für Verbundenheit, Entstehung von Gemeinschaft, Zugehörigkeit zu einer (besonderen) Gruppe

Aufgabe 2:

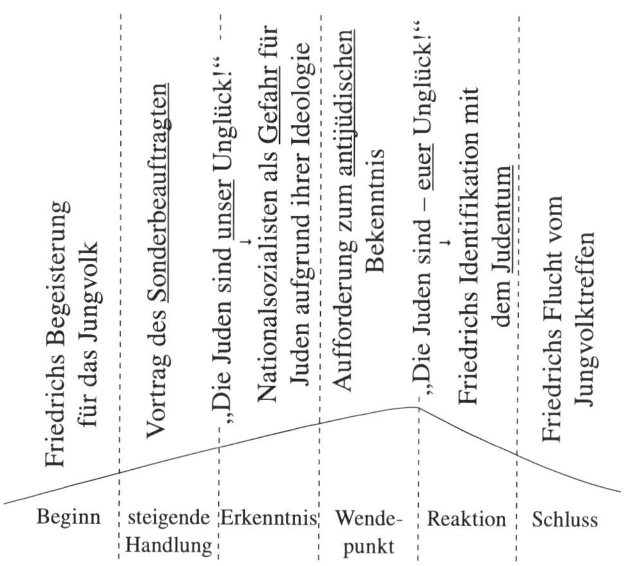

Aufgabe 3:

War die Schlaufe anfangs ein Zeichen für (den Wunsch nach) Verbundenheit, so symbolisiert ihr Zurücklassen, dass Friedrich sich bewusst gegen das Jungvolk und für seine Zugehörigkeit zum Judentum entschieden hat.

Der Ball kommt ins Rollen

KV Seite 22

Diese Kopiervorlage zum Kapitel „Der Ball" beinhaltet die Themen Schuldzuweisungen und Solidarität. Ausgehend von der Lektüre werden zudem zwei zentrale Merkmale der Politik des NS-Regimes in den Blick genommen. Einen vertiefenden Unterrichtsvorschlag, der nach der Bearbeitung des Arbeitsblattes eingesetzt werden kann, finden Sie unter „Brief an die Besitzerin des Schaukastens" (siehe S. 13).

Lösung

Aufgabe 1:

Anschuldigungen der Ladenbesitzerin: Zerstörung des kleinen Ladens durch große jüdische Kaufhäuser; Juden stehlen

Anschuldigungen des Polizisten: Juden handeln hinterlistig und sind Betrüger

Aufgabe 2:

Unterstützung des Ich-Erzählers: Übernahme der Schuld (mehrmals)

Unterstützung Herrn Schneiders: Einforderung einer Anzeige mit Aussage unter Eid, „Rettung" des Sohns, sofortige Begleichung des Schadens

Aufgabe 3:

(1) Die Ladenbesitzerin schiebt die Schuld für die Probleme mit ihrem Laden pauschal auf die jüdischen Kaufhäuser. Die NS-Propaganda lieferte für die wirtschaftliche Krise in der Weimarer Republik eine einfache Erklärung: „Die Juden" seien schuld.

(2) Gleichzeitig stilisiert die Ladenbesitzerin Adolf Hitler als Retter, der gegen die Ursache der Probleme vorgehen will. Sie spricht ihm ihr blindes Vertrauen aus und droht Friedrich: „Wartet nur, der Hitler wird es euch schon zeigen!" (S. 51)

Zwischen Tür und Angel

KV Seite 23

Für diese Kopiervorlage bildet das Kapitel „Treppengespräch" die Basis. Herr Resch will Herrn Schneider das Mietverhältnis kündigen. Klären Sie als Einführung in die Unterrichtseinheit die Frage, aus welchen Gründen ein Eigentümer (heute) ein Mietverhältnis kündigen darf, z. B. bei

- Eigenbedarf
- Nichtzahlung der Miete
- verspäteter Mietzahlung.

Mithilfe dieser Gründe erkennen die Schüler die Unrechtmäßigkeit der Kündigung durch Herrn Resch. Bei der Bearbeitung des Arbeitsblattes wird den Schülern deutlich, dass Herr Resch als Eigentümer eine Machtposition besitzt, die er auf unangemessene Weise gegenüber Herrn Schneider und dem Vater des Ich-Erzählers demonstriert.

Im Vordergrund steht eine genaue Betrachtung des Gesprächs. Das Ergebnis lässt auf die Beziehungs- und Kommunikationsstruktur der Beteiligten schließen. In der Rubrik „Kreativ aktiv" finden Sie die weiterführende Aufgabe „Zuhause gesucht", die die Imaginations- und Empathiefähigkeit der Schüler fördert (siehe S. 15).

Lösung

Gesprächs- und Schreibanlässe

Den Schluss verändern

Die Mutter des Ich-Erzählers lehnt im Kapitel „Großvater" aus Angst vor dem Großvater Friedrichs Bitte ab. Das ausweichende Verhalten ist ihr zwar unangenehm, aber sie wird den Erwartungen ihres Vaters gerecht.

Möglicher Arbeitsauftrag:

- Verändere ab der Äußerung „... darf er bitte zu uns heraufkommen?" (S. 25) den Schluss des Kapitels.

Das eigene Lieblingsgeschäft

Einen Einstieg zum Kapitel „Schulweg" ermöglicht die Übertragung der Situation auf die eigene Lebenswelt. Die Schüler tauschen sich in einem rotierenden Partnergespräch (siehe Kasten rechts oben) über ihr(e) Lieblingsgeschäft(e) aus. Was müsste passieren oder sich herausstellen, damit sie dort nicht mehr einkaufen? Der aktive Austausch fördert die Einsicht, dass es heute zwar andere Gründe für einen Boykott gibt als in der NS-Zeit; dennoch können Rufschädigungen und die Verbreitung von Unwahrheiten, aber auch Dinge, die zu Recht angeprangert werden, unser Einkaufsverhalten beeinflussen.

Rotierendes Partnergespräch
Die Schüler teilen sich in zwei Gruppen und bilden einen äußeren und einen inneren Stuhl-/Stehkreis. Die Jugendlichen im Innenkreis beginnen ihrem Gegenüber ihre Meinung zu einem Thema oder einer Fragstellung mitzuteilen. Auf ein Signal rücken nun die Schüler im Innenkreis um zwei Plätze nach rechts. Jeder Schüler tauscht sich danach mit einem neuen Gesprächspartner aus und teilt diesem die Erkenntnisse aus der vergangenen Gesprächsrunde sowie die eigenen Ideen mit. Nach einem weiteren Signal beginnt der Vorgang von Neuem.

Denkblasen

Das Kapitel „Die Schlaufe" bietet sich dafür an, das Fremdverstehen zu fördern. Dem Leser bleibt verborgen, welche Gefühle und Gedanken der Vorfall in Friedrich auslöst. Notieren Sie deshalb folgende Fragen und Satzanfänge an der Tafel oder am Whiteboard, die die Schüler mündlich oder schriftlich vervollständigen:

- Wie fühlt sich Friedrich, nachdem er das Heim verlassen hat? → „Puh, das war heftig! Ich ..."
- Was denkt Friedrich nach dem Vorfall? → „Wie konnte ich nur so blind sein? Endlich ..."

Brief an die Besitzerin des Schaukastens

Friedrich und der Ich-Erzähler haben in dem Kapitel „Der Ball" keine Möglichkeit, die Situation sachlich darzustellen. Daher erscheint ein Brief der beiden Jungen an die Ladenbesitzerin sinnvoll.

Möglicher Arbeitsauftrag:

- Schreibe einen Brief an die Besitzerin des Schaukastens. Entkräfte ihre Anschuldigungen und Beschimpfungen, indem du die Situation noch einmal erklärst und gegen ihre Vorurteile argumentierst.

Kreativ aktiv

Ist Hans Peter Richter der Ich-Erzähler?

Für das Textverständnis ist die Erkenntnis bedeutsam, dass der Autor und der Ich-Erzähler nicht dieselbe Person sind. Obwohl das Geburtsjahr des Ich-Erzählers und des Autors übereinstimmen, ist der Jugendroman nicht autobiografisch zu verstehen. Hans Peter Richter hat lediglich durch seine Kindheit und Jugend während des „Dritten Reichs" einen Bezug zur Thematik „Nationalsozialismus" und „Antisemitismus".

Möglicher Arbeitsauftrag:
- Führe eine Internetrecherche zum Autor Hans Peter Richter durch. Stelle deine Ergebnisse in einem kurzen Referat dar.

Machtposition

Da die Personenkonstellation im Kapitel „Großvater" zentral für das Verhalten der Eltern des Ich-Erzählers ist, kann das Beziehungsnetz in Form eines Standbildes dargestellt werden. Aus der Beschreibung, wie die Familienmitglieder beim Besuch des Großvaters um den Wohnzimmertisch platziert sind und sich verhalten, lassen sich Abhängigkeiten und Machtverhältnisse ablesen. Die Schüler finden sich zunächst in Kleingruppen von mindestens vier Personen zusammen, vergegenwärtigen sich die Szene auf Seite 23 und entwerfen ein Standbild, in dem der Großvater, die Mutter, der Vater und der Ich-Erzähler dargestellt werden. Gemeinsam besprechen die Gruppenteilnehmer, welche Eigenschaften und Verhaltensweisen die jeweiligen Figuren besitzen und in welcher Beziehung sie zu den anderen Familienmitgliedern stehen. Lassen Sie die Standbilder vor der Klasse präsentieren und halten Sie die Merkmale der Personenkonstellation im Plenum fest.

Lösung

Aufstellung:
- Großvater: Er nimmt am Wohnzimmertisch Platz und sitzt hoch aufgerichtet.
- Vater: Er sitzt dem Großvater gegenüber, demütig gesenkter Kopf.
- Mutter: Sie steht hinter dem Stuhl des Großvaters, wahlweise mit dem Finger auf den Lippen und einem mahnenden Blick zum Ich-Erzähler oder einem aufmerksamen Blick auf den Großvater gerichtet.
- Ich-Erzähler: Er sitzt abseits vom Tisch, „in der Ecke", Hände auf den Knien und nimmt eine beobachtende Haltung ein.

Beziehungsstruktur:
- Großvater: Er unterstützt die Familie seiner Tochter finanziell. Er hat Macht und Einfluss und zeigt mit seiner herrischen Art, dass er die Befehls- und Entscheidungsgewalt hat.
- Vater/Mutter: Beide befinden sich wegen der Arbeitslosigkeit des Vaters in einer wirtschaftlichen Notlage. Sie fühlen sich gezwungen, dem Großvater Respekt zu zeigen. Sein Verhalten schüchtert sie ein, sie spüren die Macht und den Einfluss. Mutter und Vater wagen keinen Widerspruch und erdulden das kontrollierende Verhalten.
- Ich-Erzähler: Der Junge hegt trotz der Vorbereitungen der Mutter und der Kontrollen seines Großvaters Sympathien für seinen Opa. Er erkennt aber, dass dieser während seiner Besuche nach einem bestimmten Muster handelt. Er beobachtet das Geschehen von außen und nähert sich ihm räumlich nicht an. Seine vorlaute Äußerung ahndet der Großvater mit einem strengen Blick.

Einladung zum Sabbat

Für Familie Schneider ist es im Kapitel „Freitagabend" selbstverständlich, den Ich-Erzähler zu den Festlichkeiten einzuladen. Gestalte eine Einladungskarte für den Ich-Erzähler, die die wichtigsten Informationen zum Thema Sabbat enthält.

Religiöse Feste

Ergänzend zum Kapitel „Freitagabend" recherchieren die Schüler zu einem Feiertag oder Fest in ihrer Religion und bereiten die Informationen in einer kurzen Präsentation auf, die sie vor der Klasse vortragen. Ziel ist es, Kenntnisse über religiöse Feierlichkeiten zu erwerben. Je nach Klasse kann dabei eine bunte Mischung an Festen verschiedener Religionen zusammenkommen. Neben der Förderung von interkultureller und interreligiöser Kompetenz ist auch Toleranz für die Bräuche ein wichtiges Lernziel. Sollten Sie Schüler ohne Religionszugehörigkeiten unterrichten, lassen Sie sie die Religion und den Feiertag frei wählen.

Möglicher Arbeitsauftrag:

Wähle ein Fest oder einen Feiertag aus deiner Religion und gestalte eine Kurzpräsentation.
- Was wird gefeiert?
- Welche Bräuche sind damit verbunden?
- Wie feierst du dieses Fest in deiner Familie? (Oder: Warum feiert deine Familie dieses Fest nicht?)

Unterredung mit dem Fähnleinführer

Der Schlusssatz „Ich blieb sitzen." (S. 49) des Kapitels „Die Schlaufe" stellt eine Leerstelle dar und regt an zu einer weiterführenden Auseinandersetzung. Lassen Sie die Schüler in Partnerarbeit ein szenisches Spiel zwischen dem Ich-Erzähler und dem Fähnleinführer ausarbeiten. Die Schüler übernehmen dabei die Rolle des Ich-Erzählers, der seinen Freund verteidigt oder aber die Verbindung zu Friedrich leugnet, und die Perspektive des Fähnleinführers, der Friedrichs Erscheinen bei dem Treffen kritisiert.

Möglicher Arbeitsauftrag:

- Entwerft einen Dialog zwischen dem Ich-Erzähler und dem Fähnleinführer, wie er sich im Anschluss an das Kapitel „Die Schlaufe" ereignen könnte.
- Tragt ihn der Klasse vor.

Zuhause gesucht

Um sich im Kapitel „Treppengespräch" noch besser in Familie Schneider hineinversetzen zu können, gestalten die Schüler aus der Perspektive der jüdischen Familie ein Wohnungsgesuch für die Lokalzeitung oder das Internet. Dadurch erkennen sie die Herausforderungen einer Wohnungssuche und die Wichtigkeit der Wohnung in Herrn Reschs Haus wird unterstrichen.

Möglicher Arbeitsauftrag:

Formuliere für Familie Schneider eine Suchanzeige für eine Wohnung / ein Haus in der Zeitung oder im Internet. Beachte folgende Punkte:

- Vorstellung der eigenen Person
- Wohnungsgröße und Ausstattung der Wohnung
- Mietkosten
- Mietbeginn
- evtl. Mietdauer

Drei Familien unter einem Dach

Im ersten Kapitel stellt der Ich-Erzähler die Hausbewohner vor.

1. Ordne die Hausbewohner dem Schaubild zu und stelle ihre berufliche Situation dar.

2. Das Haus wird mit einem Herrschaftsgebiet gleichgesetzt (vgl. S. 10). Markiere im Haus den Bereich des „Herrschers“ rot und den Bereich der „Untertanen“ blau. Welche Charaktereigenschaften des „Herrschers“ lassen sich aus diesem Vergleich ableiten?

3. Nenne drei Begriffe, die die gesellschaftliche Situation im Jahr 1925 beschreiben.

Hausbewohner

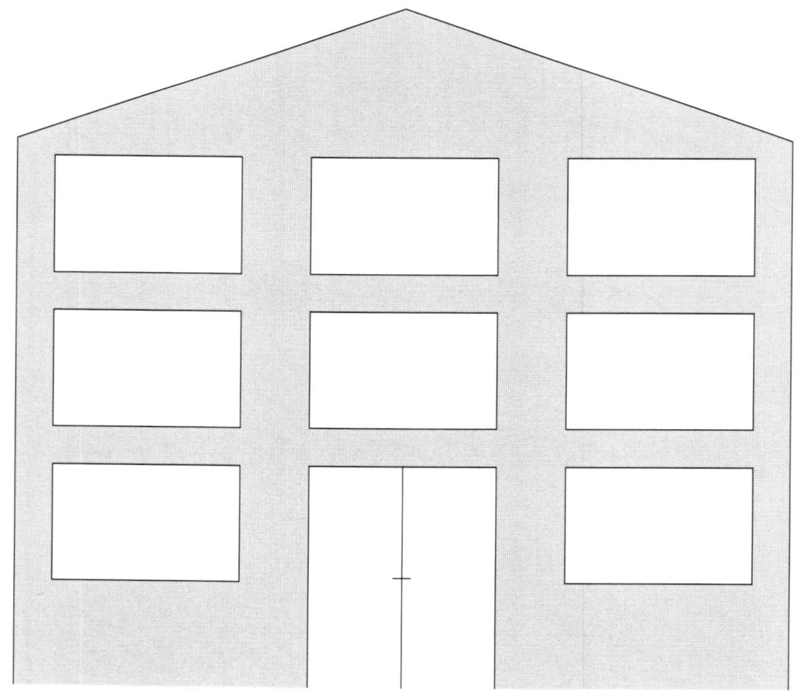

Berufliche Situation

Gesellschaftliche Situation: ______

Einwände?!

Bei seinem Besuch äußert sich der Großvater sehr abfällig über Juden. Da er die Familie finanziell unterstützt, schweigt sie zu den Aussagen.

1. Ergänze den jeweiligen Standpunkt des Großvaters zu Geheimrat Cohn und zu Friedrich.

2. Analysiere jeweils das Problem, das der Großvater mit den beiden Personen hat, und entlarve seine Vorurteile. Nenne Stichpunkte.

3. Die Eltern hätten jedoch reagieren können. Formuliere mögliche Einwände der Eltern gegen die Äußerungen des Großvaters.

	zu Geheimrat Cohn:	zu Friedrich:
1. Standpunkt des Großvaters	„Ich mag mich ______ ______."	„Ich wünsche nicht, ______ ______!"
2. Problem des Großvaters		
3. Möglicher Einwand der Eltern		

Familie Schneider feiert

Der Ich-Erzähler ist Zeuge eines bedeutsamen Abends. Allerdings erwähnt er nicht alle Einzelheiten. Die folgende Übersicht zeigt den vollständigen Ablauf des Abends.

Kreuze an, welche Geschehnisse neu sind und <u>nicht</u> erwähnt werden. Wenn die Zuordnung stimmt, ergeben die Buchstaben in den Spalten mit den Kreuzen ein Lösungswort.

Ablauf	keine Erwähnung	
Freitags putzt Frau Schneider die Wohnung.	☐	E
Sie bereitet die Mahlzeiten vor.	☐	S
Frau Schneider zündet Feuer im Ofen an, damit es die Speisen warmhält.	☐	A
Sie backt auch das sogenannte Sabbatbrot.	☐	B
Friedrich wäscht sich und zieht sich Festtagskleidung an.	☐	E
Frau Schneider deckt den Tisch. Dazu gehört auch ein Kerzenleuchter.	☐	S
Auf dem Platz des Vaters legt sie die Sabbatbrote bereit, daneben steht ein Weinbecher.	☐	T
Alle Vorbereitungen werden freitags vor Sonnenuntergang getroffen, da ab diesem Zeitpunkt der Sabbat beginnt und am Sabbat keine Arbeit verrichtet werden darf.	☐	B
Friedrichs Mutter entzündet die Sabbatkerzen und spricht den Segen.	☐	O
Damit begrüßt sie den Sabbat.	☐	A
Am späten Nachmittag hat Friedrichs Vater den Gebetsgottesdienst in der Synagoge besucht.	☐	T
Dort begrüßen die Gläubigen ebenfalls den Sabbat, der Vorbeter spricht den Sabbatsegen über einem Becher Wein und heiligt den Sabbat.	☐	F
Anschließend beginnt zu Hause die eigentliche Sabbatfeier.	☐	E
Herr Schneider legt seinem Sohn die Hände auf und segnet ihn.	☐	T
Anschließend ehrt Friedrichs Vater seine Frau mit dem „Lob der tüchtigen Hausfrau“.	☐	F
Die Anwesenden versammeln sich um den Tisch. Nach einem Segen trinkt jeder aus dem Weinbecher.	☐	E
Brot und Wein sind die Hauptbestandteile der Sabbatrituale und symbolisieren den Segen der Erde.	☐	I
Vor dem Essen wäscht sich Herr Schneider die Hände und schneidet dann das Sabbatbrot an.	☐	N
Bevor er die Stücke verteilt, bestreut er diese mit Salz.	☐	R
Danach gibt es ein Festessen in mehreren Gängen mit Fisch, Fleisch und Gemüse. Dabei wird geredet und gesungen.	☐	E
Die Rituale setzen sich am eigentlichen Sabbat, dem Samstag, fort. Dazu gehören der Besuch des Gottesdienstes, festliche Mahlzeiten, Erholung und Zeit für die Familie.	☐	R

Lösungswort: ______________________

Rummel am Schulanfang

Friedrich und der Ich-Erzähler gehen am ersten Schultag gemeinsam mit ihren Eltern auf den Rummelplatz.

Überlege, wie es dem Vater des Ich-Erzählers oder Friedrichs Mutter an diesem Tag ergeht. Setze den Tagebucheintrag mithilfe der Randnotizen fort.

Randnotizen	Tagebucheintrag
Schultütenvergleich	Heute war ______
Ausflugsziel	
Reaktionen	
finanzielle Situation	
Zeitvertreib auf dem Rummelplatz	
Souvenir	
zu Hause	

Boykott auf dem Heimweg

Bei Dr. Askenase entdecken Friedrich und der Ich-Erzähler einen ersten Angriff auf Juden in Form von Sachbeschädigung. Kurze Zeit später werden sie Zeugen eines Boykotts (vgl. S. 39–42).

1. Formuliere die zentrale Botschaft des Boykottaufrufs.

2. Nenne die Beteiligten an der Szene vor dem Schreibwarengeschäft.

3. Ordne den Figuren eine passende Rolle in dem Geschehen zu.

4. Beurteile das Verhalten der Anwesenden, indem du deine Einschätzung in dem Koordinatensystem einträgst.

Zentrale Botschaft des Boykottaufrufs:

____

Beteiligte	Rollenzuschreibung
1. Menschenmenge	Zuschauer
2. Abraham Rosenthal	____________
3. ____________	____________
4. ____________	____________
5. ____________	____________
6. ____________	____________
7. ____________	____________

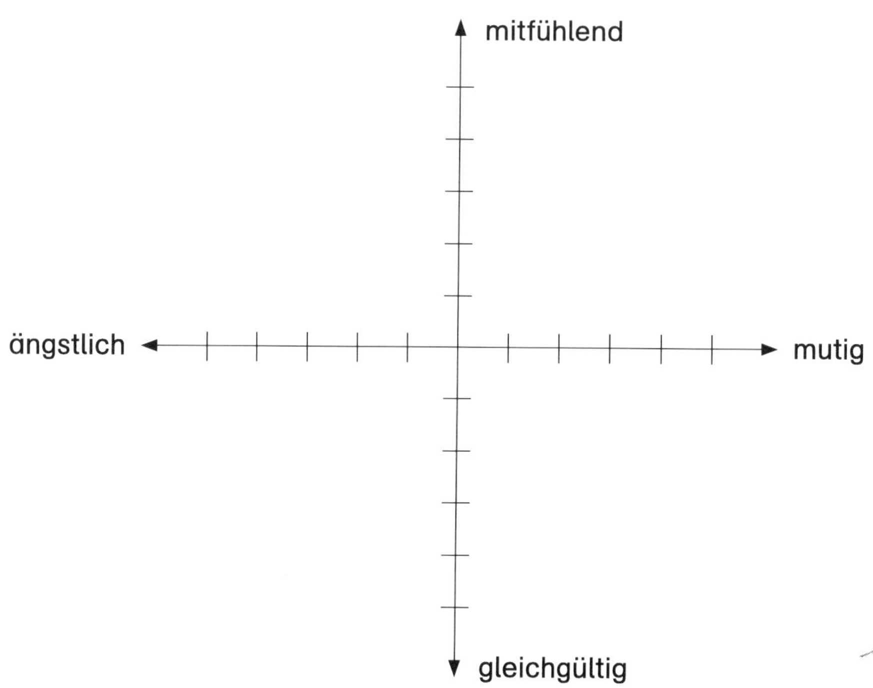

Die Tarnung fliegt auf

Friedrich ist zunächst ein begeisterter Anhänger der NS-Jugendorganisation Deutsches Jungvolk. Das ändert sich jedoch durch die Ereignisse im Kapitel „Die Schlaufe“.

1. Erkläre die Bedeutung von Halstuch und Schlaufe im Jungvolk und für Friedrich am Beginn des Kapitels.

____

____

2. Vervollständige das Schaubild.

a) Ergänze die Sinnabschnitte.
b) Ordne der Erzählkurve folgende Begriffe zu, um den Handlungsverlauf zu verdeutlichen:

Erkenntnis | steigende Handlung | Reaktion | Beginn | Schluss | Wendepunkt

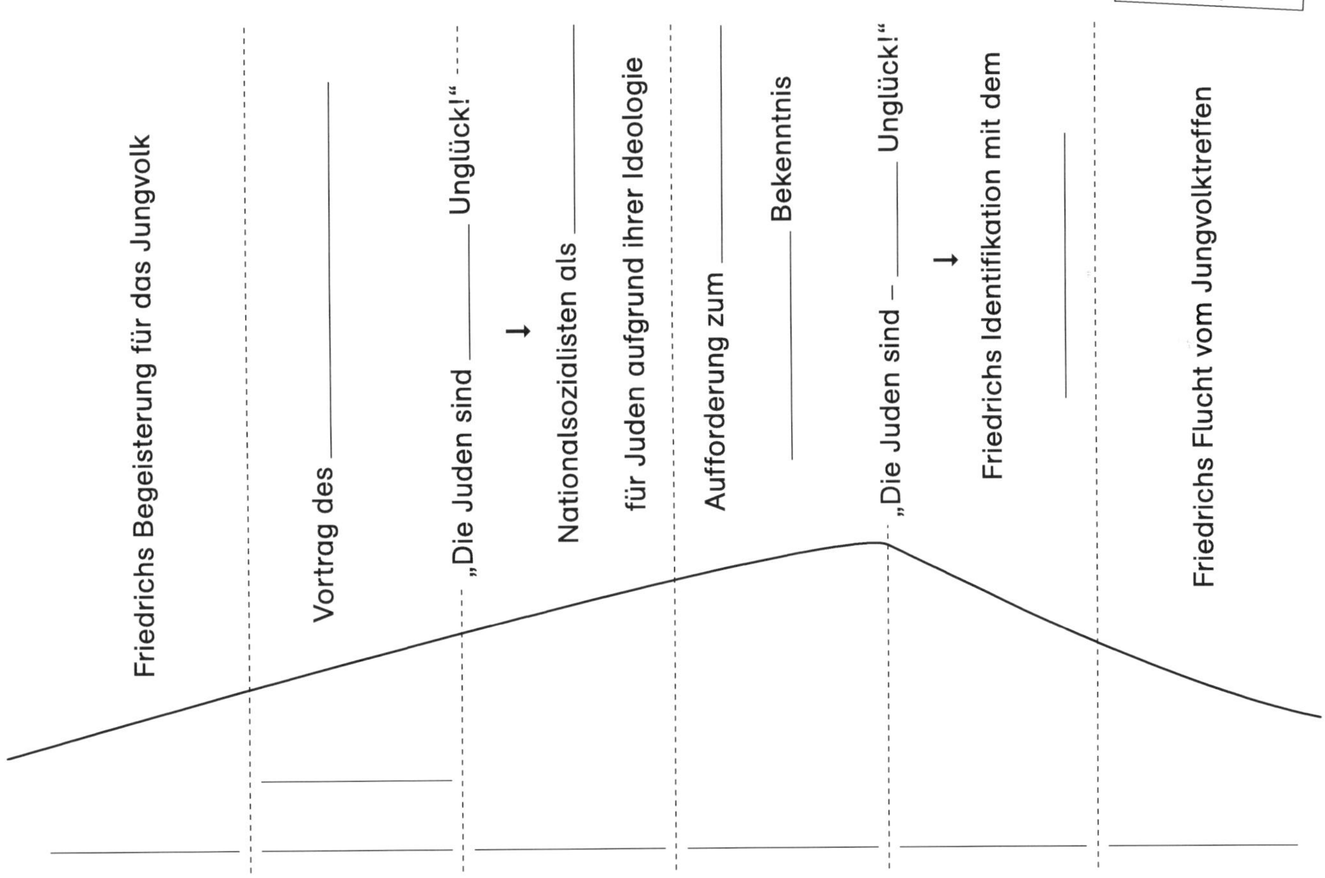

3. Am Kapitelende bleibt die Schlaufe in der Hand des Buckligen. Friedrich geht ohne sie. Welche Bedeutung hat die Schlaufe nun für den Jungen? Was hat sich geändert?

____

____

Der Ball kommt ins Rollen

Im Kapitel „Der Ball“ geht in einem Moment der Unachtsamkeit eine Scheibe zu Bruch. Friedrich erfährt, wie die Ladenbesitzerin und der Polizist über Juden denken.

1. Notiere die Anschuldigungen der Ladenbesitzerin und des Polizisten, die sich gegen Juden richten.

2. Ergänze die Unterstützung, die Friedrich erfährt.

Ladenbesitzerin

Anschuldigung

Polizist

körperliche Gewalt gegenüber Friedrich

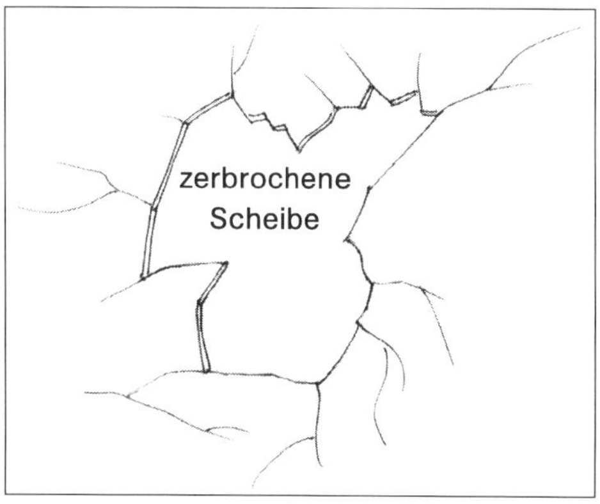

Leugnen der Schilderung des Ich-Erzählers

Unterstützung

Ich-Erzähler

Herr Schneider

3. Zwei Ziele der NS-Propaganda waren (1) Juden als Sündenböcke darzustellen und (2) Adolf Hitler als Retter und Führer zu inszenieren. Erkläre diese Aussagen anhand der Textstelle im Buch.

Zwischen Tür und Angel

Ohne Vorwarnung teilt Herr Resch seinem Mieter Herrn Schneider im Treppenhaus mit, dass er das Mietverhältnis kündigt (vgl. S. 54 – 57).

Ordne den Zitaten in den Sprechblasen die passenden Oberbegriffe zu, die das Verhalten der Gesprächspartner verdeutlichen.

Zurechtweisung	Ratlosigkeit	Ungläubigkeit		Rücksichtslosigkeit	Hilflosigkeit
Absage	Interesse	Sturheit	Drohung	Abwertung	Verteidigung

Ich kündige Ihnen zum Ersten!

____

Wie bitte?

____

Sie ziehen am Ersten aus!

____

Aber das ist doch nicht Ihr Ernst, Herr Resch!

____

Aber das geht doch gar nicht, Herr Resch […],
Herr Schneider genießt Mieterschutz.

____

Ich habe Sie keineswegs
gebeten diesen Herrn zu
unterstützen! […]
Sie sollen hier Zeuge sein,
weiter nichts!

____

Ich lasse mir von Ihnen das Wort nicht
verbieten, Herr Resch. Sie werden auf mich als
Zeugen verzichten müssen!

____

Es geht aber wirklich nicht, dass Sie mir
so unvermittelt kündigen, Herr Resch.

____

Sie werden sehen, es geht!

____

Und darf ich Sie fragen,
Herr Resch, aus welchem Grunde
Sie uns kündigen?

____

Weil Sie Jude sind!

____

11. bis 18. Kapitel: Schritt für Schritt entrechtet

Inhalt

(11) Vor dem Haus kommt Friedrich und dem Ich-Erzähler ein wankender Mann entgegen. Friedrich zweifelt zunächst, erkennt aber schließlich seinen Vater. Er schützt ihn vor den Blicken des Nachbarkindes und begleitet den weinenden Vater ins Haus. Wenig später vertraut der Ich-Erzähler die Beobachtung seiner Mutter an, die ausweichend reagiert. Als am Abend Frau Schneider ihre Nachbarin aufsucht, erkundigt sich die Mutter des Ich-Erzählers nach Herrn Schneiders Verfassung. Weinend erzählt die jüdische Frau von der Zwangsversetzung ihres Mannes in den Ruhestand. Dies liege daran, dass sie Juden seien.

(12) Herr Schneider steht vor Gericht, da Herr Resch wegen Belästigung die Räumung der Wohnung fordert. Als Gründe nennt dieser seine Parteimitgliedschaft in der NSDAP und seinen Glauben an die Richtigkeit des nationalsozialistischen Gedankenguts. Herr Schneider beantragt Klageabweisung, da der Vermieter seit seinem Einzug vor über zehn Jahren gewusst habe, dass er Jude sei, und es bis vor Kurzem keinen Einwand gegeben habe. Herr Resch sieht sich jedoch an der Verwirklichung des nationalsozialistischen Weltbildes gehindert. Der Vorsitzende weist den Vermieter zurecht und wirft ihm Sprunghaftigkeit vor. Auf den Rat seines Verteidigers zieht Herr Resch seine Klage zurück. Der Richter beendet die Verhandlung und beruhigt den entsetzten Friedrich: Seiner Familie geschehe nichts, da er sich für gerechte Verfahren einsetze.

(13) Friedrich führt den Ich-Erzähler ins Kaufhaus Herschel Meyer. In der Spielwarenabteilung treffen sie Herrn Schneider, der nach seiner Entlassung dort als Abteilungsleiter arbeitet. Während die Jungen mit der Eisenbahn spielen, erkundigt sich Friedrichs Vater nach dem Jungvolk, dem der Ich-Erzähler angehört. Bei dem Gespräch erfährt er, dass der Vater des Ich-Erzählers Mitglied der nationalsozialistischen Partei geworden ist. Die Jungen dürfen sich die Spielzeugschau ansehen und sich anschließend ein Spielzeug aussuchen. Beim Gehen bemerkt der Ich-Erzähler, dass Friedrichs Vater nicht mehr lächelt.

(14) Nach Unterrichtsende bittet Lehrer Neudorf seine Schüler im Klassenraum zu bleiben. Er spricht über Juden und erinnert an die Verfolgung und Gewalt, denen sie seit dem Altertum ausgesetzt sind. Der Lehrer erklärt auch die Grundlagen des jüdischen Glaubens: die Thora und die Hoffnung auf den Messias. Als Grund für die Anfeindungen gegenüber Juden bis in die Gegenwart nennt Herr Neudorf die Kreuzigung Jesu. Da die meisten Menschen zu wenig über Juden wüssten, unterstellten sie ihnen alles Schlechte. Um ein anderes Bild aufzuzeigen, lobt Herr Neudorf die Juden. Zuletzt nennt der Lehrer den Grund für seinen Vortrag: Friedrich muss wegen seines Glaubens die Schule verlassen und eine jüdische Schule besuchen. Die Klasse bittet der Lehrer, die Freundschaft zu Friedrich aufrechtzuerhalten. Friedrich verabschiedet sich, bevor Herr Neudorf die Klasse mit dem Hitlergruß nach Hause schickt.

(15) Seit Friedrichs Vater wieder arbeitet, hilft Frau Penk im Haushalt der Schneiders. Auch die Familie des Ich-Erzählers kann die Haushaltshilfe beschäftigen, weil der Vater nach seinem Beitritt zur NSDAP eine Arbeitsstelle bekommen hat. Eines Tages kündigt Frau Penk das Ende des Arbeitsverhältnisses bei Schneiders an. Frau Schneider wirkt aufgewühlt, reagiert aber verständnisvoll, dankt für die Unterstützung und verabschiedet sich. Die Mutter des Ich-Erzählers erkundigt sich bei Frau Penk nach dem Kündigungsgrund. Die Haushaltshilfe begründet die Entscheidung mit den neuen Nürnberger Gesetzen, die Heiratsverbote, Eheauflösungen und Beschäftigungsverbote zwischen Juden und Nichtjuden festlegen. Sie berichtet von der öffentlichen Demütigung einer Nichtjüdin wegen ihrer Beziehung zu einem Juden. Keinesfalls möchte Frau Penk eine solche Bestrafung erfahren oder ins Gefängnis gehen. Gern hätte sie für Familie Schneider weitergearbeitet, aber die politische Vergangenheit ihres Mannes als Kommunist erfordert aus ihrer Perspektive diese Vorsicht.

(16) Nach der Rückkehr von einer Parteiversammlung gesteht der Vater des Ich-Erzählers Herrn Schneider seinen Eintritt in die nationalsozialistische Partei. Er rechtfertigt seine Entscheidung mit den Vorzügen, die er genießt, verweist aber auch auf die Kehrseite der Judenanfeindungen. Der Vater des Ich-Erzählers legt seinem jüdischen Nachbarn die Auswanderung nahe. Dieser erklärt im Gegenzug, warum er und seine Familie in Deutschland bleiben möchten. Am Ende bittet er seinen Nachbarn, sich um seine Frau und Friedrich zu kümmern, falls ihm etwas zustoßen sollte.

(17) Auf dem Weg ins Waldbad begegnet Friedrich und dem Ich-Erzähler ein Fahrradfahrer, der es auffällig eilig hat. Nach dem Nachmittag im Schwimmbad vermisst Friedrich das Bändchen mit der Abholnummer für seine persönlichen Sachen. Friedrich meldet den Verlust beim Bademeister an der Kleiderausgabestelle. Schließlich kann der Junge seine Kleidung unter den verschiedenen Bügeln identifizieren und soll zur Überprüfung seinen Namen nennen und sich ausweisen. Der Bademeister entdeckt auf

dem Ausweis den Namenszusatz „Israel“, den Friedrich verschwiegen hat, und bezichtigt ihn der Lüge. Er beschimpft Friedrich und untersagt ihm die Nutzung der Umkleide. Schließlich muss Friedrich die trockene Kleidung über seine nasse Badehose anziehen. Als Friedrich und der Ich-Erzähler zu ihren Fahrrädern vor dem Schwimmbad zurückkommen, beklagt ein Jugendlicher den Diebstahl seines Fahrrads. Friedrich erinnert sich an den auffälligen Fahrradfahrer am frühen Nachmittag und will mit einer Beschreibung des Diebes helfen. Der Jugendliche, der die Szene mit dem Bademeister miterlebt hat, lehnt die Hilfe ab, da er bezweifelt, dass die Polizei einem Juden glaube.

(18) Der Ich-Erzähler begleitet Familie Schneider in die Synagoge. Während des Gottesdienstes singt Friedrich zum ersten Mal eine Passage aus der Thora. Durch die feierliche Zeremonie wird der jüdische Junge ein vollwertiges Mitglied der Gemeinde. Nach dem Gottesdienst feiern Familie Schneider, der Ich-Erzähler und weitere Gäste den besonderen Tag mit einem Sabbatmahl. Während des Essens klingelt es und Herr Neudorf beglückwünscht Friedrich. Sein Lehrer schenkt ihm einen Füllfederhalter, auf dem Friedrichs Name in Goldbuchstaben steht.

Unterrichtsschwerpunkte

- antijüdische Maßnahmen des NS-Regimes und die Folgen für Familie Schneider
- jüdische Geschichte
- Ängste der Familie Schneider
- Solidarität gegenüber Familie Schneider

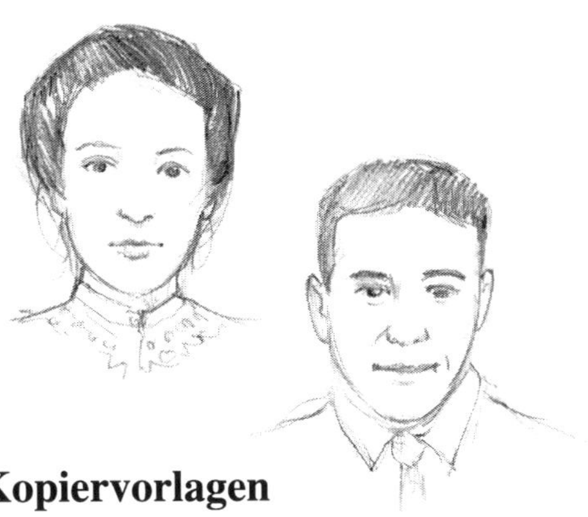

Zu den Kopiervorlagen

KV Seite 30

Angst isst die Seele auf
Im Mittelpunkt der Kopiervorlage steht der Vergleich von Herrn Schneiders Verhalten vor und nach seiner Zwangsversetzung in den Ruhestand. Frau Schneiders Zusammenbruch bei der Mutter des Ich-Erzählers lässt ihre Bestürzung deutlich werden. Für ihre möglichen Ängste sollen die Schüler sensibilisiert werden. Die Sozialform arbeitsgleiche Partnerarbeit empfiehlt sich für beide Aufgaben, da diese einen kommunikativen Austausch ermöglicht. Beachten Sie, dass die Schüler bei Aufgabe 2 eigene Schlussfolgerungen ziehen sollen. Die Ideen „Akrostichon“ und „Ausschluss aus dem Berufsleben“ bieten mögliche Vertiefungen der Thematik (siehe S. 28 f.).

Lösung
Aufgabe 1:
vor der Entlassung
- rascher Gang
- später Feierabend
- selbstbewusstes Auftreten / Stärke
- kein Alkoholkonsum
- Gruß

nach der Entlassung
- langsamer Gang
- früher Feierabend
- Müdigkeit
- Unschlüssigkeit / Zögern
- Alkoholkonsum / Trunkenheit
- gesenkter Blick, Weinen

Aufgabe 2:
z. B.
- unsichere Zukunft
- finanzielle Sorgen
- drohender Verlust der Wohnung
- weitere antijüdische Maßnahmen

KV Seite 31

Familie Schneider vor Gericht
Diese Kopiervorlage thematisiert den Verlauf des Gerichtsverfahrens im Kapitel „Die Verhandlung“ mithilfe von Multiple-Choice-Aufgaben. Ziel ist die Sicherung des Textverständnisses. Gerade in heterogenen Klassen bietet sich dieses Arbeitsblatt zur Differenzierung an: als Unterstützung für schwache Leser oder als Zusatzaufgabe für leistungsstarke, schnelle Schüler. Eine Vertiefung der Unterrichtsstunde ermöglicht der Unterrichtsvorschlag „Ungerechte Behandlung“ (siehe S. 28).

Lösung
1. ☒ Es geht um die Kündigung des Mietverhältnisses durch Herrn Resch.
2. ☒ Als Parteimitglied unterstützt Herr Resch die Lehren des Nationalsozialismus, die Juden ablehnen.
3. ☒ Herr Resch habe schon immer gewusst, dass Herr Schneider Jude ist.

4. ☒ Er befürchtet, dass Herr Resch auch anderen Mietern wegen ihrer Religion oder aufgrund persönlicher Einstellungen kündigen wird.
5. ☒ Er erkennt durch die Aussagen des Richters, dass die Klage keine Aussicht auf Erfolg hat.
6. ☒ Er hat Angst, dass außerhalb des Gerichtssaals weitere Ungerechtigkeiten und unberechtigte Forderungen auf die Familie zukommen.

KV Seite 32

Heimatlose Juden

Die Kopiervorlage zum Kapitel „Der Lehrer“ ermöglicht einen Einblick in die jüdische Geschichte. Der Wortspeicher hilft, den Inhalt des Informationstextes zu erschließen. Bevor Aufgabe 2 bearbeitet wird, sollten in niedrigeren Klassenstufen oder lernschwachen Gruppen die Aussagen aus dem Vortrag des Lehrers zusammengefasst werden: Das jüdische Volk lebte seit der Antike in vielen Ländern verstreut in der Minderheit (jüdische Diaspora) und konnte deshalb leicht das Ziel von Anfeindungen und Verfolgung werden. Was ihnen vorgeworfen wurde, ist allerdings haltlos, bezieht sich oft sogar auf Umstände, die ihnen angeordnet wurden (z. B. Geldverleih), und zeugt von einer intoleranten Haltung gegenüber Menschen, die eine andere Religion haben.

Für die komplexe Thematik in Aufgabe 2 eignet sich die Think-Pair-Share-Methode: Als Erstes beschäftigt sich jeder Schüler allein mit der Fragestellung (Think). Ein gegenseitiger Austausch findet in einem zweiten Schritt mit einem Partner statt (Pair). Auf die Arbeit im Zweier-Team folgt abschließend eine Besprechung der Arbeitsergebnisse in der Klasse (Share).

Anhand des Kapitelendes können die Schüler anschließend erläutern, inwiefern auch Friedrich Heimatlosigkeit erfährt: Er ist schulisch „heimatlos“, da er nicht mehr zur Gemeinschaft seiner Mitschüler gehört und auf eine jüdische Schule wechseln soll.

Zum Abschluss der Unterrichtsstunde eignet sich der Schreib- und Gesprächsanlass „Die Freundschaft aufrechterhalten“ (siehe S. 28).

Lösung

Aufgabe 1:

2000 Jahren – Palästina – Römer – Aufstände – Kreuzzüge – Ungläubige und Feinde Christi – Osteuropa – Gettos – Geldverleih – Thora – Messias – Kreuzigung Jesu

Aufgabe 2:

- Information zur jüdischen Geschichte
- Verständnis für Erlebnisse der Juden
- Korrektur von Falschinformationen
- Förderung der eigenen Meinungsbildung der Schüler
- Gegenaktion zu den zunehmenden antijüdischen Maßnahmen
- Sympathiebekundung für seinen Schüler Friedrich
- Beitrag zum Erhalt der Freundschaft zwischen der Klasse und Friedrich

KV Seite 33

„Juden müssen selber putzen!“

Die Nürnberger Gesetze vom September 1935 stehen im Mittelpunkt dieser Kopiervorlage. Die Schüler befassen sich mit den Konsequenzen der Gesetze für die Figuren im Roman und reflektieren anschließend die geschichtliche Ebene des Gesetzes. Als weiterführender Auftrag nach der Bearbeitung des Arbeitsblattes steht Ihnen der Gesprächs- oder Schreibanlass „Öffentliche Demütigung“ (siehe S. 28) zur Verfügung.

Lösung

Aufgabe 1:

- Heiratsverbot zwischen Juden und Nichtjuden
- Auflösung aller Ehen zwischen Juden und Nichtjuden
- Arbeitsverbot für nichtjüdische Frauen unter 45 in jüdischen Haushalten

Aufgabe 2:

Konsequenzen für Frau Penk
- Verlust des Arbeitsplatzes
- Angst vor öffentlicher Demütigung oder Zuchthaus

Konsequenzen für Familie Schneider
- Verlust der Hausangestellten
- weitere Isolierung und Angst

Aufgabe 3:

Der Begriff spielt auf die Rassenideologie der Nationalsozialisten an: Danach sollte das deutsche bzw. „arische“ Blut nicht mit dem Blut der „jüdischen Rasse“, die als minderwertig propagiert wurde, vermischt werden.

KV Seite 34

Gründe zum Auswandern?

Einen möglichen Stundeneinstieg zu dieser Kopiervorlage finden Sie unter „Goodbye Deutschland?“ (siehe S. 29). Auf dem Arbeitsblatt selbst beschäftigen sich die Schüler mit den verschiedenen Gründen der Familie Schneider, in Deutschland zu bleiben. Teilen Sie dafür nach dem Lesen des Kapitels „Gründe“ die Klasse in zwei Gruppen. Alle Schüler der ersten Gruppe setzen sich in einer themengleichen Partnerarbeit mit den persönlichen und geschichtlich-gesellschaftlichen Gründen auseinander, die Schüler der Gruppe 2 ergänzen die politischen und religiösen Motive. Nach der Besprechung in der Klasse ergänzen die Schüler die Arbeitsergebnisse der anderen Gruppe. Weiterführende Aufgaben bieten die Gesprächs- oder Schreibanlässe „Falls etwas passiert" und „Herrn Schneiders Gründe im Jahr 1945" (beide auf S. 28).

Lösung

persönliche Gründe: Die Familie hat die deutsche Staatsangehörigkeit und eine deutsche Verwandtschaft. Es ist unklar, ob man sie im Ausland akzeptiert. Die Lage in Deutschland scheint sich nach Einschätzung von Herrn Schneider wieder zu beruhigen.

geschichtlich-gesellschaftliche Gründe: Vorurteile gegen Juden existieren seit 2000 Jahren und bauen sich nur langsam ab. Im Mittelalter war die Situation lebensbedrohlich, heute sind die Menschen wahrscheinlich vernünftiger.

politischer Grund: Der Staat schränkt zwar die Freiheit der Juden ein, aber er wird nie massenhafte Ermordungen anordnen.

religiöser Grund: Das Ertragen der Verfolgung stellt eine Aufgabe Gottes dar, die erfüllt werden muss. Vielleicht hört die Wanderschaft auf, wenn sie ausharren und geduldig sind.

KV Seite 35

Ein verräterischer Vorname

Mithilfe dieser Kopiervorlage sollen die Schüler verstehen, wie und warum sich das Verhalten des Bademeisters im Kapitel „Im Schwimmbad" ändert. Sie verstehen, dass die Situation an der Kleiderausgabe einen Wendepunkt enthält und ab der Sichtung des Ausweises eskaliert. Die Kenntnis über den Namenszusatz „Israel", den das NS-Regime verpflichtend für männliche Juden eingeführt hat (für weibliche Juden „Sara"), verändert das Verhalten des Bademeisters gegenüber Friedrich. Lassen Sie die Schüler die Eigenschaften mit Zitaten belegen. In einem weiteren Schritt begreifen die Schüler, dass der Namenszusatz den Nationalsozialisten als sofortiges Erkennungszeichen diente. Im Anschluss an das Arbeitsblatt können Sie mit dem Schreibanlass „Fassungslos im Schwimmbad" die Thematik vertiefen (siehe S. 28).

Lösung

Aufgabe 1:

Verhalten des Bademeisters vor der Ausweiskontrolle: gestresst („An der Ausgabe ging es sehr langsam zu. Der Bademeister hatte viel zu tun." S. 91), gereizt („Er schimpfte, als er hörte, was geschehen war." S. 92), mürrisch („vom mürrischen Bademeister begleitet", S. 92), ungeduldig („Der Bademeister wollte ihn schon sitzen lassen, bis alle anderen bedient wären, …" S. 92), kleinlich (Bademeister will erst Ausweis sehen, vgl. S. 92)

Verhalten des Bademeisters nach der Ausweiskontrolle: indiskret („Alle konnten zuhören, wie er laut erklärte …" S. 92), beleidigend (z. B. „‚Ein Jude ist er! Pfui!'" S. 93), herablassend (z. B. „Angewidert warf er Friedrichs Ausweis und das Mäppchen über die Absperrung." S. 93), aggressiv (z. B. „Da schleuderte er auch den Bügel mit Friedrichs Sachen auf den Boden, sodass alles weit auseinanderflog." S. 93), respektlos (z. B. „‚Sieh zu, wo du dich ankleidest'", S. 93)

Aufgabe 2:

Friedrich Israel Schneider

Aufgabe 3:

links: Junge, rechts: Jude

Aufgabe 4:

Da man Menschen ihre Religionszugehörigkeit nicht auf den ersten Blick ansieht, wollten die Nationalsozialisten ein Unterscheidungsmerkmal, das die Juden erkennbar machte. Dies stellt eine weitere Stigmatisierung der Juden durch die Nationalsozialisten dar.

Gesprächs- und Schreibanlässe

Ungerechte Behandlung

In dem Kapitel „Die Verhandlung" tröstet der Richter Friedrich, als dieser im Gerichtssaal vor Verzweiflung laut aufschreit. Friedrich ist klar, dass der positive Ausgang der Gerichtsverhandlung eine Ausnahme ist. Schreibe einen fiktiven Dialog zwischen Friedrich und dem Richter, in dem Friedrich von den bislang erlebten Diskriminierungen erzählt. Lies dazu, falls erforderlich, noch einmal die Kapitel „Die Schlaufe“, „Der Ball“ und „Herr Schneider“.

Die Freundschaft aufrechterhalten

Am Ende des Kapitels „Der Lehrer“ bittet Herr Neudorf seine Klasse, den Kontakt zu Friedrich weiterhin aufrechtzuerhalten. Wie können Friedrichs Mitschüler Herrn Neudorfs Bitte verwirklichen? Sammelt Vorschläge und diskutiert die Möglichkeiten und Grenzen.

Öffentliche Demütigung

Frau Penk berichtet im Kapitel „Die Reinemachefrau“ von einer öffentlichen Demütigung, bei der eine Frau mit dem Schild „Ich verdiene feste Hiebe, weil ich einen Juden liebe“ durch die Stadt laufen musste (S. 82 f.). Mithilfe der folgenden W-Fragen könnt ihr diese Aktion einordnen:

- Warum trägt die Frau das Schild?
- Wo findet die Aktion statt?
- Was beabsichtigten die Nazis mit ihrer Aktion?

Lösung

- Die Frau trägt das Schild, weil sie offenbar nach Inkrafttreten der Nürnberger Gesetze eine Beziehung zu einem Juden hat.
- Die Frau wird öffentlich durch die ganze Stadt geführt.
- Die Verantwortlichen möchten die Frau bestrafen und demütigen. Gleichzeitig dient die Aktion der Abschreckung für andere und der Ermahnung zur Einhaltung des Gesetzes. Die Nationalsozialisten demonstrieren hartes Durchgreifen und somit Macht und Stärke.

Falls etwas passiert

Für den Fall, dass ihm etwas zustößt, bittet Herr Schneider den Vater des Ich-Erzählers im Kapitel „Gründe“, sich um seine Frau und Friedrich zu kümmern. Warum tut er das, obwohl er zuvor gegen die Auswanderung der Familie argumentiert hat? Bildet Dreiergruppen und verteilt die Rollen der Nachbarsfamilie untereinander: Vater und Mutter des Ich-Erzählers, Ich-Erzähler selbst. Führt in diesen Rollen ein Gespräch über Herrn Schneiders Anliegen. Berücksichtigt dabei auch die politischen und gesellschaftlichen Bedingungen, unter denen Juden in Deutschland lebten.

Herrn Schneiders Gründe im Jahr 1945

Die geschichtliche Entwicklung hat Herrn Schneiders Argumente aus dem Kapitel „Gründe“ widerlegt. Wie könnten jüdische Überlebende im Jahr 1945 nach dem Untergang des NS-Regimes rückblickend über Herrn Schneiders Aussagen aus dem Jahr 1936 denken? Recherchiere bei Bedarf in Geschichtsbüchern und im Internet die nötigen Informationen. Schreibe einen inneren Monolog aus der Sicht eines jüdischen Überlebenden.

Fassungslos im Schwimmbad

Die Geschehnisse um den Bademeister im Kapitel „Im Schwimmbad“ (S. 91–94) rufen bei den Schülern sicher unterschiedliche Reaktionen hervor: Wut, Unverständnis, Solidarität mit Friedrich, Fassungslosigkeit usw. Daher bietet es sich an, einen Monolog über die Vorkommnisse aus der Sicht des jüdischen Jungen zu verfassen. Die Schreibaufgabe ermöglicht eine Schulung des Fremdverstehens und verdeutlicht die Opfer-Täter-Zuschauer-Problematik.

Möglicher Arbeitsauftrag:

- Versetze dich in Friedrichs Lage. Notiere aus seiner Sicht Gedanken und Gefühle, die der Tag bei ihm auslöst.
- Schreibe einen inneren Monolog, also ein innerliches Selbstgespräch. Beginne mit: „Was passiert hier? …“

Kreativ aktiv

Akrostichon

Mit dem Schreibspiel „Akrostichon“ versetzen sich die Schüler in Herrn Schneiders Lage nach seiner Zwangsversetzung in den Ruhestand. Dafür schreiben Sie die Buchstaben des Begriffs „Entlassung“ senkrecht untereinander an die Tafel. Das Wort wird Bestandteil eines Gedichts: Jeder Buchstabe bildet den Anfang eines neuen Wortes, Begriffes oder Satzes zum Thema „Entlassung“.

Mögliche Lösung

Entwertung meiner Fähigkeiten
Niederlage auf ganzer Linie
Tränen, weil ich meine Arbeit verloren habe
Lebensunterhalt – wie soll ich dafür sorgen?
Angst macht sich breit, ohne Arbeit zu bleiben
Sorgenvoll blicke ich in die Zukunft
Schikanieren sie uns Juden nun weiter?
Ungläubig schaue ich auf meine Kündigung
Not leiden müssen wir
Gegner – die Nazis, sie wollen nichts Gutes

Ausschluss aus dem Berufsleben

Herrn Schneiders Entlassung im Kapitel „Herr Schneider" ist ein Beispiel für den Beginn zahlreicher Maßnahmen, um Juden aus dem Berufsleben auszuschließen. Erstelle mithilfe der Zeittafel am Ende der Lektüre (S. 168–172) eine chronologische Übersicht über den weiteren Ausschluss der Juden aus dem Berufsleben.

Goodbye Deutschland?

Vielfältige Gründe können Menschen zu einer Auswanderung bewegen. Lesen Sie jeden der unten aufgeführten Sätze einzeln vor. Die Schüler überlegen kurz und melden sich dann mit zwei Händen (starke Zustimmung), mit einer Hand (Zustimmung) oder gar nicht. Am Ende reflektieren sie über das Ergebnis.

Ich wandere aus, wenn …

- ich meinen Glauben nicht mehr frei ausleben darf.
- ich meine Meinung nicht mehr frei äußern darf.
- ich nicht frei wählen darf, welchen Freund/welche Freundin ich haben darf.
- ich meinen Aufenthaltsort in Deutschland nicht mehr frei wählen darf.
- ich meinen Beruf nicht mehr frei wählen darf.
- ich Angst um mein Leben haben muss.

Angst isst die Seele auf

Das NS-Regime versetzt 1933 alle „nicht-arischen“ Beamten in den Zwangsruhestand. Auch Herr Schneider verliert dadurch seine Arbeit.

1. Vergleiche Herrn Schneiders Verhalten vor und nach der Entlassung. Lies dazu auf den Seiten 57 f. nach und halte die Beobachtungen des Ich-Erzählers in Stichpunkten fest.

2. Versetze dich in die Lage von Frau Schneider und nenne stichpunktartig mögliche Ängste, die sie wegen der Entlassung ihres Mannes belasten könnten.

Herr Schneider			Frau Schneider
vor der Entlassung	nach der Entlassung	→ ENTLASSUNG ←	

Familie Schneider vor Gericht

In der Verhandlung trifft Familie Schneider auf Herrn Resch.

Kreuze an, welche der Aussagen zutreffen.

1. Worum geht es in der Verhandlung?

☐ Es geht es um die Klage wegen hoher Mietrückstände von Familie Schneider.

☐ Es geht es um die Kündigung des Mietverhältnisses durch Herrn Resch.

☐ Es geht um die Kündigung des Arbeitsverhältnisses zwischen Herrn Resch und Herrn Schneider.

2. Wie begründen Herr Resch und sein Anwalt die Klage?

☐ Herr Resch fühlt sich von der Partei benachteiligt, wenn Juden im Haus leben.

☐ Die Partei schließt Herrn Resch von der Parteimitgliedschaft aus, wenn Familie Schneider in seinem Haus wohnt.

☐ Als Parteimitglied unterstützt Herr Resch die Lehren des Nationalsozialismus, die Juden ablehnen.

3. Welches Argument bringt Herr Schneider vor?

☐ Herr Schneider benötigt die Wohnung, da seine Frau noch einmal Nachwuchs erwartet.

☐ Herr Resch habe schon immer gewusst, dass Herr Schneider Jude ist.

☐ Er möchte die Wohnung weiter bewohnen, da ihm ein guter Kontakt zu Nachbarn und Vermieter wichtig ist.

4. Wie reagiert der Richter auf Herrn Reschs weitere Ausführungen?

☐ Er befürchtet, dass Herr Resch schon in der Vergangenheit anderen Mietern gekündigt hat.

☐ Er akzeptiert Herrn Reschs Begründung und bittet den Anwalt um Ergänzung der Klageschrift.

☐ Er befürchtet, dass Herr Resch auch anderen Mietern wegen ihrer Religion oder aufgrund persönlicher Einstellungen kündigen wird.

5. Warum zieht der Vermieter seine Klage zurück?

☐ Er erkennt durch die Aussagen des Richters, dass die Klage keine Aussicht auf Erfolg hat.

☐ Er zieht die Klage zurück, da er einen neuen Grund für eine erfolgreiche Klage sucht.

☐ Er zieht die Klage zurück, da ihn sein Anwalt wegen seiner antijüdischen Einstellung nicht mehr vertreten möchte.

6. Was befürchtet Friedrich nach dem Gespräch mit dem Richter?

☐ Er hat Angst, dass außerhalb des Gerichtssaals weitere Ungerechtigkeiten und unberechtigte Forderungen auf die Familie zukommen.

☐ Er befürchtet, dass seine Eltern trotz Rücknahme der Klage freiwillig aus der Wohnung ausziehen und dadurch seine Freundschaft zu dem Ich-Erzähler zerbricht.

☐ Er befürchtet, dass der Richter seine Entscheidung noch einmal ändert.

Heimatlose Juden

1. Vervollständige mit Hilfe des Wortspeichers die Zusammenfassung von Lehrer Neudorfs Vortrag zur Geschichte der Juden aus dem Kapitel „Der Lehrer".

Osteuropa	Aufstände	Palästina	Messias	Ungläubige und Feinde Christi
Gettos	Römer			
Geldverleih	Thora	2000 Jahren	Kreuzigung Jesu	Kreuzzüge

„Vor ________________ lebten alle Juden in ________________, das sie Israel nannten. Sie wehrten sich gegen eine Fremdherrschaft der ________________, aber diese schlugen die ________________ nieder. Spätestens nach der Zerstörung Jerusalems mussten die Juden fliehen und siedelten sich auf der ganzen Welt an. Mit Beginn der ________________ setzte ihre Verfolgung in der westlichen Welt ein. Man sah sie wegen ihrer Religion als ________________ ________________ an, zwang sie, einen anderen Glauben anzunehmen, oder ermordete sie. Neue Zuflucht suchten die Juden nun vor allem in ________________. Auch dort erfuhren sie Ablehnung und mussten in ________________ leben. Bestimmte Berufe und Haus- und Grundbesitz waren ihnen verboten, nur im Handel und ________________ durften sie tätig sein. Strenggläubige Juden befolgen die Regeln der ________________, der Heiligen Schrift der Juden. Ihrem Glauben nach sind sie der Verfolgung ausgesetzt und müssen fliehen, wenn göttliche Gebote verletzt worden sind. Sie hoffen allerdings, dass der ________________ kommen wird und für sie ein Reich errichtet. Anders als die Christen halten die Juden Jesus nicht für den Messias. Viele geben ihnen die Schuld an der ________________. Antisemiten verbreiten nicht nur Unwahrheiten, sondern warten nur auf die Gelegenheit zu neuen Verfolgungen und Demütigungen. Viele unterstellen Juden Schlechtes, weil sie zu wenig über sie wissen und vor dem Fremden Angst haben."

2. Warum erzählt Lehrer Neudorf seiner Klasse die Geschichte der Juden? Beziehe dazu auch den Schluss des Vortrags mit ein (S. 77 f.).

____

____

____

„Juden müssen selber putzen!“

Mit den Nürnberger Gesetzen vom September 1935 regelte das NS-Regime unter anderem private und geschäftliche Beziehungen zwischen Juden und Nichtjuden. Auch Familie Schneider und ihre Haushaltshilfe Frau Penk sind davon betroffen.

1. Frau Penk nennt die Einschränkungen, die die Gesetze künftig vorsehen. Trage sie in das Schaubild ein.

2. Stelle die Konsequenzen der Gesetze für Frau Penk und für Familie Schneider dar:
a) Was bedeutet das für das Beschäftigungsverhältnis?
b) Welche Gefühle sind damit verbunden?

„Gesetz zum Schutze des deutschen Blutes und der deutschen Ehre“ vom 15. September 1935

- ______________________________
- ______________________________
- ______________________________

Konsequenzen für Frau Penk

- ______________________________
- ______________________________

Konsequenzen für Familie Schneider

- ______________________________
- ______________________________

3. Das oben genannte Gesetz ist auch unter dem Namen „Blutschutzgesetz“ bekannt. Erkläre diesen Begriff. Welches Ziel verfolgten die Nazis wohl damit?

Gründe zum Auswandern?

Da die Maßnahmen des NS-Regimes das Leben der Juden zunehmend beeinträchtigen, legt der Vater des Ich-Erzählers Familie Schneider die Auswanderung nahe.

Lies das Gespräch der beiden Väter (S. 83–89) und ergänze die Gründe, die aus der Sicht von Herrn Schneider gegen eine Auswanderung sprechen. Formuliere in eigenen Worten und in ganzen Sätzen.

Einwand	„Warum bleiben Sie mit Ihrer Familie noch hier?“
persönliche Gründe	

Einwand	„Trauen Sie dem Frieden nicht, Herr Schneider.“
geschichtlich-gesellschaftliche Gründe	

Einwand	„Ihr Gegner ist ein Staat.“
politischer Grund	

Einwand	„Unfreiheit und Ungerechtigkeit wollen Sie einfach hinnehmen?“
religiöser Grund	

Ein verräterischer Vorname

Nach einem erlebnisreichen Tag im Schwimmbad bemerkt Friedrich den Verlust seines Nummernbändchens für die Kleiderausgabe (vgl. S. 90–94).

1. Beschreibe im Schaubild das Verhalten des Bademeisters vor und nach der Ausweiskontrolle mithilfe des Wortspeichers. Belege jede Eigenschaft mit einem Zitat aus dem Buch.

gestresst | respektlos | indiskret | gereizt | kleinlich | ungeduldig | aggressiv | herablassend | mürrisch | beleidigend

2. Notiere im Schaubild den Namen, den Friedrich gemäß der Vorgabe des NS-Regimes führen muss.

3. Warum ist die Ausweiskontrolle der Wendepunkt? Trage in die freien Kästchen im Schaubild ein, wie der Bademeister Friedrich vor und nach der Ausweiskontrolle sieht.

Wendepunkt: Ausweiskontrolle

Verhalten des Bademeisters vor der Ausweiskontrolle:

Name:

Verhalten des Bademeisters nach der Ausweiskontrolle:

4. Warum hat das NS-Regime wohl diese Namensvorschrift eingeführt?

19. bis 27. Kapitel: Die Eskalation der Gewalt

Inhalt

(19) Der Sportlehrer, Herr Schuster, der außerdem Führer der Sturmabteilung (SA) und ehemaliger Soldat ist, fordert seine Schüler zu einem anstrengenden Marsch auf und erwartet Gehorsamkeit. Er lässt die Jugendlichen in ihren Schultaschen Ziegelsteine tragen und ordnet das Singen eines antisemitischen Liedes an. Die Marschroute weitet er auf die halbe Stadt aus, bis die Schüler erschöpft in den Schulbezirk zurückkehren. Ihnen begegnet eine jüdische Schulklasse, in die auch Friedrich geht. Der Lehrer, der den Jungen erkennt, lässt ein weiteres judenfeindliches Lied singen, mit dem die Klasse an den jüdischen Jugendlichen vorbeizieht.

(20) Auf dem Nachhauseweg entdeckt der Ich-Erzähler Schäden an Dr. Askenases Praxis und Abraham Rosenthals Geschäft. Er schließt sich Bewaffneten und Neugierigen an, die sich gewaltsam Zutritt in ein jüdisches Lehrlingsheim verschaffen und die Inneneinrichtung zerstören. Auch der Ich-Erzähler beteiligt sich wie im Rausch an der Verwüstung, bis er Ekel vor seinem Handeln empfindet und nach Hause geht. Während des Mittagessens dringt eine lärmende Menschengruppe ins Haus ein und stürmt in die Wohnung der Familie Schneider. Frau Schneiders Schrei, dumpfe Geräusche und Friedrichs Schreien und Weinen veranlassen den Ich-Erzähler, zu seinen Nachbarn zu eilen. Er sieht, dass Frau Schneider und ihr Sohn verletzt sind und die Gewalttäter das Mobiliar der Familie zerstören. Als ihn ein Mann zur Mithilfe auffordert, schleicht er zurück in die eigene Wohnung und beobachtet weinend mit seiner Mutter die Gewalt auf der Straße.

(21) In der Nacht unterstützt die Familie des Ich-Erzählers Herrn Schneider und den jüdischen Arzt Dr. Levy, da es Frau Schneider gesundheitlich sehr schlecht geht. Der Ich-Erzähler geht dafür mit seiner Mutter in die völlig verwüstete Wohnung der Nachbarn. Auf Anraten des Arztes bekennt Frau Schneider vor ihrem Mann ihre Sünden. Als sie mit dem Tod ringt, beten Dr. Levy, Herr Schneider und Friedrich, bis sie ihren letzten Atemzug macht. Aus Trauer über den Verlust zerreißt der Ehemann sein Hemd und bricht zusammen. Friedrich macht es ihm nach und stürzt sich auf seine Mutter. Der Arzt entzündet eine jüdische Totenkerze.

(22) Der Ich-Erzähler übergibt Herrn Schneider einen Brief und erkundigt sich nach seinem Freund. Der Vater führt den Ich-Erzähler in die Küche, die einem Lampengeschäft gleicht. Aufgrund des Beschäftigungsverbots reparieren Friedrich und sein Vater Lampen, um etwas Geld zu verdienen. Der Ich-Erzähler bemerkt Veränderungen an seinem Freund, der ihm fremd erscheint. Friedrich öffnet den überbrachten Brief: Herr Resch kündigt ihnen die Wohnung. Friedrich ist verzweifelt, Herr Schneider tröstet seinen weinenden Sohn. Dann begleitet er den Ich-Erzähler zur Wohnungstür und bittet ihn, sie bald wieder zu besuchen und ihre Geschäftsidee nicht zu verraten.

(23) Seit dem Ich-Erzähler in der Hitlerjugend nahegelegt worden ist, sich nicht mehr mit einem Juden zu treffen, machen die Jungen dies heimlich. Dieses Mal wollen sie ins Kino. Der Ich-Erzähler kauft die Karten. Trotz der Altersbeschränkung findet keine Ausweiskontrolle statt. Kurz vor Beginn der Vorstellung müssen alle Anwesenden im Saal aber doch ihre Ausweise vorzeigen. Friedrich gesteht dem Ich-Erzähler nervös, dass Juden überhaupt keine Filme anschauen dürfen. Er möchte das Kino verlassen. Die Platzanweiserin lässt ihn jedoch nicht gehen und fordert Friedrichs Ausweis. Als die Papiere Friedrich als Juden identifizieren, führt die Platzanweiserin die beiden Jungen aus dem Kinosaal. Eindringlich macht sie Friedrich deutlich, dass dieses Verhalten ihn in ein Konzentrationslager hätte bringen können.

(24) Friedrich erzählt dem Ich-Erzähler von Helga: Auf der Straße hat er das Mädchen zufällig kennengelernt und erfahren, wo sie wohnt und arbeitet. Eine Woche lang begleitet Friederich Helga täglich nach der Arbeit nach Hause, bis sie sich im Stadtgarten verabreden. Nach einem Spaziergang setzt sich das Mädchen auf eine grüne Parkbank, die Nicht-Juden vorbehalten ist. Friedrich zögert zunächst, sich zu setzen, und kann seine Unruhe nicht verbergen. Helga versteht, weshalb Friedrich sich unwohl fühlt, und wechselt zu einer gelb gestrichenen Sitzgelegenheit, die für Juden vorgesehen ist. Er erschrickt, da Helga erkannt hat, dass er Jude ist. Zu einer erneuten Verabredung will Friedrich nicht mehr gehen, um Helga nicht in Gefahr zu bringen.

(25) Der Ich-Erzähler will Familie Schneider Kartoffeln bringen. Er klingelt mehrmals, da er sich sicher ist, jemanden in der Wohnung gehört zu haben. Schließlich ruft er laut. Verärgert öffnet Herr Schneider die Tür. Der Ich-Erzähler wird Zeuge eines Streits zwischen Friedrich und seinem Vater, bei dem Angst das zentrale Thema ist. Da kommt ein Rabbiner aus dem Wohnzimmer. Er erzählt, dass Familie Schneider ihn versteckt hält, und zeigt dem Ich-Erzähler auf, welche Folgen ein Verrat für alle Beteiligten hätte. Er verschweigt auch nicht, was dem Ich-Erzähler geschehen kann, wenn er keine Anzeige erstattet. Der Ich-Erzähler ist mit der Entscheidung überfordert.

(26) Der Rabbi empfängt den Ich-Erzähler in der Wohnung der Familie Schneider. Er hilft dem Rabbiner, einen Faden durch ein Nadelöhr zu ziehen, und erfährt von der aktuellen Kennzeichnungspflicht für Juden in Form eines gelben Davidsterns. Herr Schneider demonstriert, dass das Symbol auf alle Kleidungsstücke genäht werden muss. Dabei vergleicht er die Situation mit dem Mittelalter, als die jüdische Bevölkerung gelbe Spitzhüte als Erkennungszeichen habe tragen müssen. Auf Nachfrage des Ich-Erzählers begründet der Rabbiner dieses Kennzeichen mit der Andersartigkeit der Juden und erzählt dazu eine Geschichte.

(27) Der Rabbiner erzählt von einem König, der seinen Soldaten aufgrund fehlender Kriegsbeute die Erlaubnis erteilt, eine Stadt zu plündern, die Juden zu bestehlen und zu ermorden. In dem auserwählten Ort wohnt das jüdische Ehepaar Schloime und Gittel mit seinem Sohn Salomon. Sie erfahren von der bevorstehenden Plünderung und wollen ihrem Sohn aus dem Verkauf ihres Besitzes Geld für eine Flucht bereitstellen. Doch noch vor Salomons Abschied nimmt die Armee die Stadt ein und zieht plündernd umher. Schloime und Gittel verstecken ihren Sohn, den die Krieger bei einer Durchsuchung des Hauses nicht finden. Sie verwunden das Ehepaar tödlich und ziehen weiter. Die Eltern legen sich zum Schutz ihres Sohnes auf die Türschwelle und sterben im Gebet. Der Sohn, der in seinem Versteck ausharrt, findet seine toten Eltern. Er bestattet sie und trauert eine Woche, bevor er in eine andere Stadt flieht, in die die Soldaten des Königs bald ebenfalls eindringen werden.

Unterrichtsschwerpunkte

- antijüdische Maßnahmen der Nationalsozialisten und ihre Folgen für Familie Schneider
- Eigendynamik und Faszination von Gewalt
- Tod und Trauer
- Propaganda des NS-Regimes

Zu den Kopiervorlagen

KV Seite 43

Lieder als Mittel zum Zweck

Viele antisemitische Lieder stammen aus den Jahren vor 1933, als die Nationalsozialisten versuchten, die politische Macht zu erlangen. In dieser Zeit rang die deutsche Bevölkerung mit den Auswirkungen des Versailler Vertrages, der Inflation und der Weltwirtschaftskrise von 1923 und mit dem neuen Regierungssystem Demokratie. Die Nationalsozialistische Deutsche Arbeiterpartei Deutschlands (NSDAP) nutzte die instabilen Verhältnisse, um simple Schuldzuweisungen und Lösungsansätze zu verbreiten, unter anderem über Lieder. Die Liedauszüge aus dem Kapitel „Begegnung" eignen sich für eine nähere Untersuchung.

Als Einstieg in die Kopiervorlage bietet sich ein Selbstversuch an. Die Schüler nennen ihre Eindrücke zu den Liedern und der Szene im Buch. Sammeln Sie die Assoziationen an der Tafel oder am Whiteboard. Die Wirkung auf die Schüler (z. B. Entsetzen, Ablehnung, Feindseligkeit, Durchhalteparolen, Mittel der Schuldzuweisung, Beleidigungen, Falschaussagen) wird sich sicher erheblich von der Wirkung auf die Menschen in der NS-Zeit unterscheiden. Wegen der hohen kognitiven Anforderungen eignet sich für die anschließende Bearbeitung des Arbeitsblatts die Sozialform Partnerarbeit. Mit den Ergebnissen aus Aufgabe 2 lässt sich ein „Gegentext als Zeichen des Widerstands" formulieren. Den Arbeitsauftrag dazu finden Sie unter der Rubrik „Kreativ aktiv" (siehe S. 42).

Lösung

Aufgabe 1:

„Volk ans Gewehr"
- Krisenerfahrungen seit Ende des Ersten Weltkriegs
- Juden als Schuldige an der Krisensituation
- Hitler als Problemlöser
- Vertrauen in ein selbstbewusstes und starkes Deutschland
- Aufruf zur Bewaffnung

„Weit ist der Weg zurück ins Heimatland"
- Darstellung der Juden als umherziehendes Volk
- Tod der Juden als Lösung aller Probleme

Aufgabe 2:

gezielte Propaganda, z. B.:
- Aufgreifen der gegenwärtigen Ängste und Sorgen der Bevölkerung
- Aufzeigen einer „einfachen" Lösung der komplexen Probleme
- Förderung der antijüdischen Einstellung
- Wiederholung einfacher Parolen führt zu Verinnerlichung

KV Seite 44

Der Pogrom

Nutzen Sie als Einstieg den Rechercheauftrag „Als die Synagogen brannten" (siehe S. 42). Mithilfe der vorliegenden Kopiervorlage vertiefen die Schüler ihr Textverständnis zum Kapitel „Der Pogrom". Durch das Vervollständigen vorgegebener Satzanfänge beschäftigen sie sich in Einzelarbeit intensiver mit dem Inhalt – und damit mit dem Ausmaß der Zerstörung während des Pogroms – als beim bloßen Durchlesen. Die Schüler müssen sowohl auf den Inhalt als auch auf Formulierungen achten, um die angefangenen Sätze sprachlich korrekt fortzusetzen. Die Diskussion in Aufgabe 2 wird widersprüchliche Meinungen hervorrufen: Wird der Ich-Erzähler „einfach mitgerissen"? Wie kann Gewalt als „Rausch" wirken? Ist das eine „Entschuldigung" für das Verhalten des Ich-Erzählers? Wie hätte der Ich-Erzähler der Gewalt entgegenwirken können?

Mögliche Lösung

Aufgaben 1 und 2:

1	… bei Dr. Askenase das Namensschild abgerissen und der Fensterrahmen des Behandlungszimmers ausgehängt wurde.
2	… der Geruch zerschlagener Medizinflaschen in der Luft liegt.
3	… im Kanal steckt ein zerstörtes Rundfunkgerät.
4	… Glassplitter verstreut und zerbrochene Regale und Verkaufstische aufgetürmt sind.
5	… stecken fremde Gegenstände ein.
6	… zerfetzte Tapeten und unbrauchbares Büromaterial sowie verschmutze Süßigkeiten auf dem Boden liegen.
7	… sich mit Gewalt Zugang verschaffen.
8	… findet sich plötzlich mitten in dieser Gruppe und fällt in das Lehrlingsheim ein.
9	… eine Beteiligte eine Matratze aufschlitzt und diese mithilfe des Ich-Erzählers aus dem Fenster werfen möchte und ein Mann Werkzeug stiehlt.
10	… er sich auf einmal müde fühlt, sich ekelt und nach Hause geht.
11	… der Ich-Erzähler und seine Mutter einen Schrei, ein dumpfes Geräusch und eine fluchende Männerstimme.
12	… Frau Schneider auf dem Boden liegt, Friedrich eine Beule hat und fremde Menschen die Einrichtung der Schneiders zerstören.
13	… harrt mit seiner Mutter im Wohnzimmer aus und weint gemeinsam mit ihr.

KV Seite 45

Frau Schneiders Abschied

Anhand dieser Kopiervorlage zum Kapitel „Der Tod" beschäftigen sich die Schüler mit dem Thema Sterben. Sie erkennen, dass verschiedene Gründe zu Frau Schneiders Tod beitragen. Dazu unterscheiden sie zwischen den Ursachen, die in der Person liegen, und den äußeren Umständen. Deutlich zeigt sich, dass physische und psychische Gewalt gesundheitliche Auswirkungen haben können. In einem weiteren Schritt beschäftigen sich die Schüler mit den Todes- und Trauerritualen, die im Roman genannt werden. Zur Recherche kann der Anhang des Romans (S. 160–167) und die Internetseite *https://www.planet-wissen.de/kultur/religion/juedisches_leben* (Stichwort: „Tod und Trauer") genutzt werden. Die „Trauerbewältigung" stellt für die Hinterbliebenen eine wichtige Form der Verarbeitung dar. Eine weiterführende Unterrichtsidee dazu finden Sie unter den Gesprächs- und Schreibanlässen (siehe S. 42).

Lösung

Aufgabe 1:

äußere Gründe:

- Verletzung während des Pogroms
- erschwerte Behandlung aufgrund der verwüsteten Wohnung

innere Gründe:

- Angst vor weiteren Demütigungen
- Hoffnungslosigkeit infolge der antijüdischen Maßnahmen

Aufgabe 2:

z. B.

Zitate	religiöse Rituale
„Bekennen Sie […]	Bekenntnis der eigenen Sünden, um unbelastet vor Gott/das Gericht Gottes zu treten
In dem seltsam singenden Tonfall […]	Vorbereitung auf den Tod durch Gebete, um dem Sterbenden den Übergang zu erleichtern
Mit beiden Händen […]	Zerreißen eines Kleidungsstücks als Zeichen der Trauer
Dr. Levy nahm eine Kerze […]	Anzünden einer Kerze als Zeichen des Lebens und der Erinnerung

KV Seite 46

Familie Schneider verändert sich

Die Existenz von Licht und Schatten im Leben der Familie Schneider wird in dem Kapitel „Lampen“ thematisiert. Sie spiegelt sich auch in den Wesenszügen der Figuren wider. Die Schüler erkennen durch einen diachronen Vergleich die charakterlichen Veränderungen von Friedrich und seinem Vater. Für die Analyse und die Interpretation in Aufgabe 2 eignet sich eine arbeitsteilige Partnerarbeit.

Lösung
Aufgabe 1:
1925 – 1933
- Friedrich: großzügig (S. 12, 30), kommunikativ (S. 36 f.), fröhlich (S. 30, 43), begeisterungsfähig (S. 45 f.), hilfsbereit (S. 57), eifrig / fleißig (S. 57)
- Herr Schneider: unternehmungslustig (S. 30), großzügig (S. 32), fröhlich / lustig (S. 34), höflich (S. 54–56), diplomatisch (S. 42), selbstbewusst / sicher (S. 62, 65)

1939
- Friedrich: ordentlich / organisiert, verantwortungsbewusst, erfinderisch, hilflos, verzweifelt, traurig
- Herr Schneider: misstrauisch, schweigsam, müde, unsicher, ängstlich, zuversichtlich

Auffälligkeiten:
Anders als in den Jahren zuvor liegt Friedrichs Fokus 1939 auf dem Überleben der Familie. Er nimmt seinem Vater die Verantwortung ab und versucht, eine optimistische Fassade aufrechtzuerhalten. Die Wohnungskündigung wirft ihn aus der Bahn: Er ist hilflos und verzweifelt. Herr Schneider ist verschlossener und unsicherer als früher. Gegenüber seinem Sohn versucht er sich dennoch zuversichtlich zu zeigen. Diskriminierung und Entrechtung haben psychische Spuren hinterlassen, beide strengen sich aber an, füreinander da zu sein.

Aufgabe 2:
Die Lampen können als Symbol des Lebens der Familie Schneider und seiner Licht- und Schattenseite interpretiert werden: Die Lampen strahlen in den dunklen Phasen des Lebens und spenden Licht. Sie sind ein Symbol für Zuversicht in einer Zeit, in der es Friedrich und seinem Vater schlecht ergeht. Gleichzeitig werfen die Lampen einen Schatten auf das Schicksal der Familie. Sie muss noch weitere antijüdische Maßnahmen erdulden.

KV Seite 47

Ein harmloser Kinobesuch?

Die Schüler setzen sich anhand dieser Kopiervorlage mit der Bedeutung des Mediums Film in der NS-Zeit auseinander. Für den Einstieg eignet sich das Originalplakat des Spielfilms „Jud Süß“ als Bildimpuls (zu finden z. B. unter: *https://www.dhm.de/lemo/bestand/objekt/pli04362)*. Anhand gezielter Rechercheaufträge im Internet machen sich die Schüler mit der Kopiervorlage die NS-Filmpropaganda bewusst und informieren sich über den Film „Jud Süß“. Als Quellen für den Rechercheauftrag eignen sich folgende Adressen:
- *www.bpb.de/geschichte/nationalsozialismus/geheimsache-ghettofilm/153344/film-im-ns-staat*
- *www.dhm.de/lemo/kapitel/der-zweite-weltkrieg/kunst-und-kultur/film-jud-suess.html*

Die Schüler können die Fragen auch in Gruppen beantworten. Die Ergebnisse lassen sich auf Wandplakaten präsentieren oder als Collagen gestalten. Nach der Bearbeitung der Kopiervorlage ermöglicht das Rollenspiel „Was wäre gewesen, wenn …?“ aus der Rubrik „Kreativ aktiv“ eine Vertiefung der Thematik (siehe S. 42).

Lösung
Aufgabe 1:
a)
- politisch-ideologische Indoktrination des nationalsozialistischen Gedankenkonstrukts, z. B. des Führerprinzips, des Kults um die deutsche Volksgemeinschaft oder der sogenannten Rassenlehre bzw. der antisemitischen Einstellung
- Rechtfertigung des Zweiten Weltkriegs und Mobilisierung der deutschen Bevölkerung

b)
- (Pseudo-)Dokumentarfilme
- „Wochenschau“
- Unterhaltungs-/Spielfilme

c)
- geschickte Mischung aus Unterhaltung und Propaganda möglich (subtile Beeinflussung)
- Medium, das Massen erreicht („Massenerziehung“)

d)
- Bekräftigung antisemitischer Vorurteile und der Juden als Feindbild, vor allem Aufzeigung „typischer Wesensmerkmale“ wie Habgier, Feigheit, Hinterlist, Triebhaftigkeit
- „Vorbereitung“ der Bevölkerung auf die beginnende Deportation und den Massenmord an den Juden

e)
- Veränderung der historischen Tatsachen, auf denen die literarischen Vorlagen des Films basierten (Joseph Süß Oppenheimer als historische Person)
- Jude als Bösewicht

Aufgabe 2:
Ich-Erzähler: Unterhaltung
Friedrich: Verstoß gegen das Teilnahmeverbot an öffentlichen Veranstaltungen, besorgtes Interesse an der Thematik

KV Seite 48

Nur für Juden!

Das NS-Regime forderte von Juden, sich in der Öffentlichkeit als solche zu bekennen. Damit drangen die Nationalsozialisten noch stärker in die Privatsphäre der Juden ein und beabsichtigten eine deutliche Abgrenzung von Juden und Nichtjuden. Die Schüler beschäftigen sich auf diesem Arbeitsblatt daher am Beispiel der gelben Judenbänke eingehender mit diesen Einschränkungen und den damit einhergehenden Ängsten der Betroffenen. Thematisieren Sie als Einstieg die Farbsymbolik und lassen Sie die Schüler Assoziationen zur Farbe Gelb sammeln.

- positiv: Licht / Sonne, Gold / Reichtum
- negativ: Warnfarbe (Gelbe Karte, Warnhinweise), Missgunst und Neid, Farbe der Geächteten

Gelb als Farbe der Geächteten ist vor allem historisch relevant: Schon im Mittelalter trugen Ausgestoßene ein gelbes Kreuz auf der Kleidung, Juden mussten sich mit gelben Flecken oder gelben Hüten kennzeichnen (vgl. „Kleider machen Juden“, S. 49). Auch die Nationalsozialisten bedienten sich deshalb dieser Farbe zur Diskriminierung und Ausgrenzung von Juden.

Als Anknüpfungspunkt nach Aufgabe 3 bietet sich die Schreibaufgabe „Brief an Helga“ an (siehe S. 42).

Lösung

Aufgabe 1:

Friedrichs Ängste:

- Identifizierung als Jude
- Entdeckung der Beziehung zu einer Nichtjüdin
- Verstoß gegen antijüdische Maßnahmen

Aufgabe 2:

Helgas Verhalten:

- Verständnis für Friedrichs Ängste
- Aufsuchen einer gelben Bank

Aufgabe 3:

Für die Beziehung spricht:

- gemeinsame Gespräche und Zeit
- gegenseitige Zuneigung
- gegenseitige Akzeptanz

Gegen die Beziehung spricht:

- Gefahr für Helga
- Gefahr des Verrats
- unsichere Zukunft für Friedrich

KV Seite 49

Kleider machen Juden

Die Kopiervorlage thematisiert die diskriminierende Kleiderordnung für Juden, wie sie im Kapitel „Sterne“ aufgegriffen wird. Auch in ihrer eigenen Lebenswelt können die Schüler feststellen, wie sich Menschen durch ihre Kleidung zu einer bestimmten Gruppe zugehörig zeigen. Dies kann ein guter Einstieg sein. Lassen Sie die Schüler Beispiele sammeln, wo sich Menschen bewusst durch ihre Kleidung abheben (z. B. Hipster oder Punker, aber auch Berufsgruppen wie Polizisten, Postboten oder Ärzte), und fragen Sie nach den Gründen (bewusste Abgrenzung von der Norm, Statement zu gesellschaftlichen Themen, Provokation; Berufskleidung legitimiert die Träger zu bestimmten Handlungen). Leiten Sie anschließend zur Kennzeichnungspflicht der Juden und zum Arbeitsblatt über. Machen Sie darauf aufmerksam, dass es ein großer Unterschied ist, ob man sich aus freien Stücken durch Kleidung einer bestimmten Gruppe zugehörig zeigt oder ob man gezwungen wird. Um die Diskussion in Aufgabe 4 zu steuern, bieten sich folgende Impulsfragen an:

- Wie ist die Bemerkung des Rabbiners zu verstehen: als beiläufiger Kommentar, als Vorahnung, als Befürchtung?
- Wie wird sich die Bemerkung des Rabbiners bewahrheiten? Was geschieht ab 1940 mit den Juden?

Weisen Sie je nach geschichtlichem Vorwissen der Klasse gegebenenfalls darauf hin, dass der „Judenstern“ die Verbindung zur letzten Stufe der Verfolgung markierte, den Deportationen. Das NS-Regime trieb die jüdische Bevölkerung ab 1940 planmäßig zusammen und transportierte sie in Zügen in sogenannte Arbeits- und Konzentrationslager ab. Wer arbeitsfähig war, musste in großen Industriebetrieben arbeiten. Viele andere wurden sofort getötet. Daneben gab es auch reine Vernichtungslager, in denen Juden mit Giftgas getötet wurden. Außer Juden nahmen die Nationalsozialisten auch politische Gegner, Straffällige sowie religiös und sexuell nicht auf ihrer Linie liegende Menschen gefangen. Auch diese Häftlinge trugen farbige Stoffdreiecke, um die verschiedenen Personengruppen kenntlich zu machen.

Mögliche Lösung

Aufgabe 1:

vgl. S. 139:

- handtellergroßer gelber Stern
- schwarze Umrandung
- Form eines Davidsterns (zwei umrandete Dreiecke)
- Wort „Jude“, der hebräischen Schrift nachempfunden

Aufgabe 2:

bei den Juden	bei den Nicht-Trägern
• Preisgabe der Identität • Demütigung/ Stigmatisierung • Ausgrenzung • Angst vor Übergriffen	• elitäres Bewusstsein • Möglichkeit der Machtausübung • Kontrolle • Möglichkeit der Identifizierung

Aufgabe 3:
Ab dem 13. Jahrhundert sollten Juden in der Öffentlichkeit den sogenannten gelben Judenhut tragen, um sich als Andersgläubige identifizieren zu lassen. Die Kennzeichnung mit dem gelben Hut setzte sich nicht überall durch, alternativ und spätestens seit dem 15. Jahrhundert gab es einen gelben Ring oder Kreis bzw. Fleck auf der Kleidung. Bereits im Mittelalter war das Ziel dieser Kennzeichnung eine Ausgrenzung und Stigmatisierung, zunächst aufgrund ihrer Religion. Bald kamen Vorurteile, Diskriminierungen und ein Missbrauch der Juden als Sündenbock für Probleme und Missstände hinzu.

KV Seite 50

Eine Reise in die Vergangenheit
Die Schüler rekonstruieren anhand der vorgegebenen Aussagen die Ereignisse der eingebetteten Erzählung „Salomon", die beispielhaft für die Judenverfolgung steht. Das Lösungswort aus Aufgabe 1 leitet zu Aufgabe 2 über. Schritt für Schritt soll die Erzählung des Rabbiners in Zusammenhang mit der gesamten Romanhandlung gebracht werden. In leistungsschwachen Klassen können Sie für den Rechercheauftrag unter 2 b) eine Homepage vorgeben, z. B.:

- *www.vorname.com*
- *www.beliebte-vornamen.de/149-bedeutung.htm*

Lösung
Aufgabe 1:

Der König gestattet seinen Soldaten, die Juden zu verfolgen.	☒	F
Drei der betroffenen Juden heißen Schloime, Gittel und Salomon.	☒	R
Kurz vor dem Einmarsch in die Stadt verkaufen die jüdischen Eltern Schloime und Gittel ihren Besitz, damit ihr Sohn fliehen und sich ein neues Leben aufbauen kann.	☒	I
Ohne Erbarmen töten die Krieger die Bewohner der Stadt, entehren die Toten und bereichern sich am Besitz der Juden oder zerstören diesen.	☒	E
Schloime und Gittel müssen den Soldaten ihr Haus zeigen, aber Salomons Versteck gibt der Familienvater nicht preis.	☒	D
Aus Wut verletzen die Soldaten die beiden Juden so schwer, dass sie kurze Zeit später sterben.	☒	R
Schloimes und Gittels Sohn wagt sich schließlich aus seinem Versteck und entdeckt seine toten Eltern.	☒	I
Salomon kümmert sich um eine Grabstätte für seine Eltern und trauert sieben Tage.	☒	C
Dem Wunsch seiner Eltern kommt Salomon schließlich nach und flieht aus der Stadt, um in der Ferne Frieden zu finden.	☒	H

Lösungswort: Friedrich

Aufgabe 2:
a) Beide Jungen erleben durch Ausschreitungen gegen die jüdische Bevölkerung, dass die Juden durch Enteignung und Zerstörung ihren Besitz verlieren und dass Menschen infolge von Kummer, Not, Perspektivlosigkeit, Gewalt und unmenschlicher Behandlung sterben. Salomon verliert beide Elternteile, Friedrich lebt ohne seine Mutter weiter. Salomon sucht einen neuen Anfang in einer neuen Stadt, Friedrich hingegen ist perspektivlos.
b) Friedrich: deutscher Name, „der Friedliche, der Beschützer, der Herrscher"; Salomon: hebräischer Name, „der Friedliche"
c) „Salomon" ist eine eingeschobene Erzählung des Rabbiners:
   - Friedrich kommt in der Erzählung nicht vor.
   - Die Übergriffe können zu unterschiedlichen Zeiten an unterschiedlichen Orten passiert sein.
   - Deutlich wird die zeitlose Gewaltbereitschaft gegenüber Juden.

d) Durch die Namensgleichheit und das ähnliche Schicksal der beiden Jungen wird die Verbindung zwischen Friedrich und Salomon offensichtlich. Beide werden ohne ihre Schuld zu Opfern der Judenverfolgung, obwohl sie – wie die Namensbedeutung „der Friedliche" signalisiert – keinen Konflikt wollen. So wie der Rabbiner Friedrich die Geschichte „Salomon" als ein exemplarisches Beispiel für die Judenverfolgung erzählt, gibt die Lektüre „Damals war es Friedrich" den Lesern ein beispielhaftes Schicksal eines Juden in der NS-Zeit.

Gesprächs- und Schreibanlässe

Trauerbewältigung
Friedrich und sein Vater verlieren in dem Kapitel „Der Tod“ einen geliebten Menschen. Möglicherweise können sie ihren Verlust allein bewältigen, vielleicht benötigen sie aber auch Hilfe. Entwickle Ideen, um Familie Schneider bei der Bewältigung ihrer Trauer zu unterstützen. Was könnten der Ich-Erzähler und seine Familie konkret tun? Diskutiert.

Brief an Helga
Im Kapitel „Bänke“ überlegt Friedrich lange, ob er die erneute Verabredung mit Helga einhalten soll oder nicht. Er entscheidet sich, nicht hinzugehen, und lässt Helga im Ungewissen zurück. Formuliere aus Friedrichs Sicht einen Brief an Helga, in dem du ihr die Beweggründe für das Fernbleiben erklärst.

Kreativ aktiv

Gegentext als Zeichen des Widerstands
Anders als im Kapitel „Begegnung“ leisteten einige Deutsche Widerstand gegen den Nationalsozialismus. Gestalte in Partnerarbeit ein anonymes Flugblatt, das sich gegen den Nationalsozialismus richtet. Inhaltlich soll es einen Gegentext zum Liedauszug „Volk ans Gewehr“ (S. 104) enthalten.

Als die Synagogen brannten
Als Vorbereitung auf das Kapitel „Der Pogrom“ kann eine Recherche zu den historischen Ereignissen im Zusammenhang mit der Vorgeschichte und der Nacht der Pogrome im November 1938 hilfreich sein. Es empfiehlt sich die Arbeit in Kleingruppen. Setzen Sie dazu folgende Impulsfragen ein:

- Was bedeutet der Begriff „Pogrom“?
- Welches Ereignis nutzte das NS-Regime als Vorwand, um die sogenannten Novemberpogrome zu verüben?
- Wann und wie begannen die Übergriffe? Welches Kalkül nutzten die Nationalsozialisten, um die ersten Übergriffe als „Volkszorn“ und „spontane Aktionen“ darzustellen?
- Was wurde der jüdischen Bevölkerung in den folgenden Tagen und vor allem in der Nacht des 9./10. Novembers 1938 angetan?

Rollenspiel: Was wäre gewesen, wenn …?
Die Platzanweiserin spricht Friedrich nach der Ausweiskontrolle im Kapitel „Der Film“ mit den Worten an: „Du bist wohl lebensmüde! Du möchtest wohl in ein Konzentrationslager?“ (S. 127). Da dieser Satz in der Lektüre nicht näher thematisiert wird, weil die Szene kurz danach abbricht, setzen sich die Schüler damit in einem Rollenspiel auseinander. Möglicher Ablauf des Rollenspiels:

- Arbeitsauftrag: Stelle die Situation zwischen Friedrich, dem Ich-Erzähler und der Platzanweiserin in einem Rollenspiel dar. Erweitere die Szene: Die Platzanweiserin geht mit den beiden Jungen vor die Tür und das Gespräch setzt sich fort.
- Vorbereitung: Rollenverteilung, Erschließung des Themas (ggf. Recherche zu Hintergrundinformationen zu Konzentrationslagern), Text und Einstudierung
- Durchführung
- Reflexion: Distanzierung und Einordnung zu Gefühlen, Gedanken und Wirklichkeitsbezügen
- Inhaltliche Auswertung: Darstellung des Problems, Analyse von möglichen Lösungen, neuen Erkenntnissen, Alternativen

Lieder als Mittel zum Zweck

Der Ich-Erzähler und seine Mitschüler werden gezwungen, antijüdische Lieder zu singen.

1. Erschließe mithilfe des Wortspeichers die Inhalte der Liedauszüge.

- Darstellung der Juden als umherziehendes Volk
- Juden als Schuldige an der Krisensituation
- Tod der Juden als Lösung aller Probleme
- Aufruf zur Bewaffnung
- Vertrauen in ein selbstbewusstes und starkes Deutschland
- Hitler als Problemlöser
- Krisenerfahrungen seit Ende des Ersten Weltkriegs

Zweite Strophe aus: „Volk ans Gewehr“ (S. 104)

„Viele Jahre zogen dahin,
geknechtet das Volk und betrogen. } ____________________

Verräter und Juden hatten Gewinn,
sie forderten Opfer – Legionen. } ____________________

Im Volk uns geboren
erstand uns ein Führer, } ____________________

gab Glaube und Hoffnung
an Deutschland uns wieder. } ____________________

Volk, ans Gewehr, Volk, ans Gewehr!“ } ____________________

Auszug aus: „Weit ist der Weg zurück ins Heimatland“ (S. 105)

„Krumme Juden ziehn dahin, daher;
sie ziehn durchs Rote Meer. } ____________________

Die Wellen schlagen zu,
die Welt hat Ruh!“ } ____________________

2. Diskutiert über die Absichten, die die NS-Führung mit solchen Liedern verfolgt hat.

Der Pogrom

Das NS-Regime sorgte dafür, dass sich die aufgeheizte Stimmung gegen Juden in Deutschland in gewaltsamen Ausschreitungen entlud.

1. Lies das Kapitel „Der Pogrom“. Rekonstruiere die Ereignisse, indem du die vorgegebenen Satzanfänge in deinem Heft vervollständigst.

1	Gegen ein Uhr kommt der Ich-Erzähler aus der Schule und bemerkt, dass …
2	Die Gegend stinkt, weil …
3	Sogar vor Dr. Askenases persönlichen Sachen machen die Angreifer nicht halt, denn …
4	Die Zerstörungen in Abraham Rosenthals Geschäft sind unübersehbar, da …
5	Einige stöbern nach brauchbaren Sachen und …
6	Als der Ich-Erzähler den kleinen Kellerladen betritt, sieht er, dass …
7	An der nächsten Ecke schließt sich der Ich-Erzähler einigen Bewaffneten an, die das jüdische Lehrlingsheim aufsuchen und …
8	Auch der Ich-Erzähler …
9	Im Haus richtet die Menge eine Verwüstung an, indem …
10	Mithilfe eines Hammers zerstört der Ich-Erzähler ebenfalls Einrichtungsgegenstände, bis …
11	Nachdem eine jubelnde Menge die Wohnung der Familie Schneider gestürmt hat, hören …
12	Daraufhin eilt der Ich-Erzähler in die Wohnung der Familie Schneider und sieht, dass …
13	Der Ich-Erzähler, der sich wieder aus der Wohnung der Schneiders geschlichen hat, …

2. Auch der Ich-Erzähler wendet Gewalt an. Markiere die betreffenden Abschnitte farbig. Diskutiert über sein Verhalten: Wie kommt es dazu?

Frau Schneiders Abschied

Nach dem Pogrom geht es Frau Schneider sehr schlecht. Sie stirbt im Beisein ihres Ehemannes, ihres Sohnes, des jüdischen Arztes Dr. Levy und der nicht-jüdischen Nachbarn.

1. Nenne je zwei äußere und zwei innere Gründe, die zu Frau Schneiders Tod beigetragen haben.

2. Recherchiere, welche Bedeutung die aufgeführten religiösen Rituale vor und nach dem Eintritt des Todes für Juden haben. Trage deine Ergebnisse neben den Zitaten ein.

äußere Gründe	innere Gründe
__________	__________
__________	__________

Frau Schneiders Tod

Zitate	religiöse Rituale
„Bekennen Sie Ihrem Mann Ihre Sünden!", sagte Dr. Levy zu ihr.	
In dem seltsam singenden Tonfall begann Dr. Levy plötzlich zu beten: „Höre, Israel, der Herr ist unser Gott, der Herr ist einzig!" […] Auch Herr Schneider und Friedrich bedeckten den Kopf. Dann stimmten sie ein: „Gelobet sei der Name seiner Herrlichkeit immer und ewig. […]" Zuletzt betete Herr Schneider verzweifelt allein weiter […].	
Mit beiden Händen fasste er in seinen Kragen und zerriss sein Hemd. […] Auch Friedrich zerfetzte sein Hemd.	
Dr. Levy nahm eine Kerze aus seiner Tasche und entzündete sie neben der Toten.	

Familie Schneider verändert sich

Im Kapitel „Lampen“ bemerkt der Ich-Erzähler: „Herr Schneider und Friedrich schienen mir so verwandelt. Diesen Friedrich kannte ich gar nicht.“ (S. 121)

1. Vergleiche das Verhalten von Friedrich und Herrn Schneider in den Jahren 1925 bis 1933 mit dem im Jahr 1939, indem du passende Adjektive zu den angegebenen Textstellen nennst. Diskutiert anschließend über Auffälligkeiten.

	1925 – 1933		1939	
	Seite	Verhalten	Seite	Verhalten
Friedrich 	S. 12, 30		S. 119 – 122 	
	S. 36 f.			
	S. 30, 43			
	S. 45 f.			
	S. 57			
	S. 57			
Herr Schneider	S. 30		S. 119 – 122	
	S. 32			
	S. 34			
	S. 54 – 56			
	S. 42			
	S. 62, 65			

2. Welche Bedeutung hat die Kapitelüberschrift „Lampen“? Beschreibe, wie die Lampen symbolisch gedeutet werden können.

Ein harmloser Kinobesuch?

Friedrich und der Ich-Erzähler möchten sich den Film „Jud Süß“ im Kino ansehen. In der NS-Zeit sind Kinofilme aber keineswegs ein bloßes Freizeitvergnügen.

1. Beantworte mithilfe einer Internetrecherche die folgenden Fragen.

a) Welche zwei grundlegenden Propagandaziele verfolgte das NS-Regime mit dem Medium Film?

b) Welche Filmgenres nutzte das NS-Regime für die Verbreitung der Propagandaziele?

c) Warum eigneten sich Kino und Spielfilm besonders gut als Propagandainstrumente?

d) Welche Ziele verfolgte die NS-Führung mit dem Film „Jud Süß?“

e) Durch welche Mittel erreichte der Film „Jud Süß“ diese Ziele?

2. Welche unterschiedlichen Bedeutungen hat der Kinobesuch für den Ich-Erzähler und für Friedrich? Lies im Kapitel „Der Film“ nach.

Ich-Erzähler: ____________________

Friedrich: ____________________

Nur für Juden!

Friedrich und Helga spazieren durch den Stadtgarten. Das Mädchen möchte sich setzen, aber Friedrich schreckt davor zurück, auf der grünen Parkbank Platz zu nehmen.

1. Skizziere Friedrichs Ängste, sich auf die falsche Bank zu setzen.

2. Beschreibe Helgas Reaktionen auf Friedrichs Ängste.

3. Wäge ab, was für und gegen die Beziehung der Jugendlichen spricht.

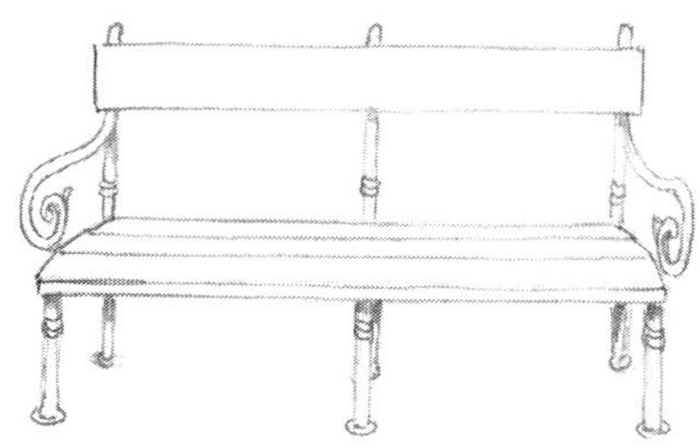

grüne Bank

Friedrichs Ängste

- ______________________________
  ____
- ______________________________
  ____
- ______________________________
  ____

Helgas Verhalten

- ______________________________
  ____
- ______________________________
  ____

gelbe Bank

Für die Beziehung spricht:

- ______________________________
- ______________________________
- ______________________________

Gegen die Beziehung spricht:

- ______________________________
- ______________________________
- ______________________________

Kleider machen Juden

Im Kapitel „Sterne“ kommt der Ich-Erzähler dazu, als Herr Schneider und der Rabbi Stoffsterne auf ihre Kleidung nähen.

1. Lies im Kapitel „Sterne“ nach und beschreibe, wie die „Judensterne“ genau aussehen.

2. Was wollte die NS-Führung wohl mit dieser Kennzeichnungspflicht bewirken?

bei den Juden	bei den Nicht-Trägern

3. Der Rabbiner erwähnt, dass es bereits im Mittelalter eine Kennzeichnungspflicht für Juden gab: „Damals mussten die Leute einen gelben spitzen Hut aufsetzen!“ (S. 139). Recherchiere, welche Kennzeichen Juden im Mittelalter tragen mussten und warum.

4. „Und demnächst“, ergänzte der Rabbi, „demnächst wird man uns vielleicht verbrennen – wie im Mittelalter!“ (S. 139) Was meint der Rabbi damit? Diskutiert.

Eine Reise in die Vergangenheit

1. Kreuze an, welche Aussagen auf die Erzählung „Salomon“ zutreffen, die der Ich-Erzähler von dem Rabbiner hört. Die richtige Zuordnung ergibt ein Lösungswort.

Der König gestattet seinen Soldaten, die Juden zu verfolgen.	☐	F
Die Krieger sollen sie ausrauben, jedoch nicht töten.	☐	A
Drei der betroffenen Juden heißen Schloime, Gittel und Salomon.	☐	R
Aus Angst vor der Armee des Königs beschließen sie, gemeinsam das Land zu verlassen.	☐	D
Kurz vor dem Einmarsch in die Stadt verkaufen die jüdischen Eltern Schloime und Gittel ihren Besitz, damit ihr Sohn fliehen und sich ein neues Leben aufbauen kann.	☐	I
Die Juden in der Stadt ergeben sich nicht kampflos ihrem Schicksal und wehren sich gegen die Plünderer.	☐	T
Ohne Erbarmen töten die Krieger die Bewohner der Stadt, entehren die Toten und bereichern sich am Besitz der Juden oder zerstören diesen.	☐	E
Mit ihrer Ausbeute ziehen sie ab, um die nächsten Stadt zu plündern.	☐	R
Schloime und Gittel müssen den Soldaten ihr Haus zeigen, aber Salomons Versteck gibt der Familienvater nicht preis.	☐	D
Als der Druck und das Leid zu groß werden, verraten die Eltern doch noch, wo sich Salomon versteckt hält.	☐	E
Aus Wut verletzen die Soldaten die beiden Juden so schwer, dass sie kurze Zeit später sterben.	☐	R
Schloimes und Gittels Sohn wagt sich schließlich aus seinem Versteck und entdeckt seine toten Eltern.	☐	I
Salomon wagt sich zu früh aus dem Versteck, aber die Plünderer zeigen kein Interesse an ihm.	☐	T
Er ist wütend und möchte Vergeltung für den Tod seiner Eltern.	☐	U
Salomon kümmert sich um eine Grabstätte für seine Eltern und trauert sieben Tage.	☐	C
Dem Wunsch seiner Eltern kommt Salomon schließlich nach und flieht aus der Stadt, um in der Ferne Frieden zu finden.	☐	H
Er beschließt, in der Stadt zu bleiben und diese mit anderen Bewohnern wieder aufzubauen.	☐	K

Lösungswort: ____________________

2. Notiere in dein Heft.

a) Vergleiche das Schicksal der beiden Jungen Salomon und Friedrich.
b) Recherchiere Bedeutung und Herkunft der beiden Vornamen.
c) Das Kapitel „Salomon“ trägt im Inhaltsverzeichnis keine Jahreszahl. Warum?
d) Ziehe ein Fazit: Warum steht die Erzählung „Salomon“ im Roman „Damals war es Friedrich“?

28. bis 32. Kapitel: Das Ende

Inhalt

(28) Die Polizei verschafft sich mit Herrn Reschs Hilfe Zutritt in die Wohnung der Familie Schneider. Die Nachbarn werden Zeuge, wie Polizisten den Rabbiner und Herrn Schneider in Handschellen abführen. Letzterer erhält Schläge für den Versuch, dem Vater des Ich-Erzählers etwas mitzuteilen. Kurz vor Beendigung der Aktion schimpft Herr Resch, dass die Polizisten eine Person – Friedrich – vergessen hätten. Nach der Verhaftung rühmt sich Herr Resch damit, dass sie den lästigen Mieter endlich los seien. Als er sich zudem über den Rabbiner als „zusätzlichen Fang" freut, zieht sich der Vater des Ich-Erzählers wütend in die Wohnung zurück.

(29) Die Familie des Ich-Erzählers möchte Friedrich warnen, die Wohnung zu betreten. Als er schließlich zurückkehrt, eilt ihm der Ich-Erzähler nach. Im Wohnzimmer trifft der jüdische Junge auf Herrn Resch, der die verbliebene Inneneinrichtung zerstört und letzte wertvolle Gegenstände zusammengesucht hat. Friedrich verliert die Fassung und bespuckt und beschimpft den Hausbesitzer. Herr Resch droht Friedrich mit dem Sabbatleuchter zu bewerfen, Friedrich weicht nicht von der Stelle. Erst als der Vermieter um Hilfe ruft, ergreift der jüdische Junge die Flucht.

(30) Die Familie des Ich-Erzählers wartet auf die Aufforderung, den Luftschutzkeller aufzusuchen, als Friedrich an die Tür klopft. Er ist dreckig und ausgehungert und wirkt verstört. Da Friedrichs Erinnerungen an Mutter und Vater verblassen, bittet er um das Gruppenfoto vom Rummelplatz am Tag der Einschulung. Während der Vater und der Ich-Erzähler die vorhandenen Bilder sichten, badet Friedrich und zieht frische Kleidung an. Als die Sirenen ertönen, entsteht ein Streit zwischen den Eltern des Ich-Erzählers, denn die Mutter möchte Friedrich in den Luftschutzkeller mitnehmen. Der Vater hat jedoch Angst vor den Konsequenzen für seine Familie. Um niemanden zu gefährden, soll Friedrich in der Wohnung bleiben. Voller Furcht nimmt Friedrich dies zur Kenntnis.

(31) Herr Resch empfängt als Luftschutzwart die Familie des Ich-Erzählers am Eingang zum Luftschutzraum. Dort ist auch ein Feldwebel anwesend. Da der Schusswechsel stärker wird, verriegelt der Luftschutzwart auch die innere Schleusentür. Lautes Klopfen veranlasst ihn allerdings, die Tür wieder zu öffnen. Vor dem Keller fleht Friedrich um Zutritt. Während Herr Resch ihn wütend des Raumes verweist, will der Feldwebel den Jungen hineinlassen. Der Hinweis, dass Friedrich Jude sei, interessiert den Uniformierten nicht. Auch die anderen Anwesenden unterstützen ihn. Daraufhin weist der Luftschutzwart den Feldwebel zurecht und droht mit Anzeige. Als niemand mehr für Friedrich einsteht, fügt sich der jüdische Junge der Bitte des Feldwebels, freiwillig zu gehen. Die Mutter des Ich-Erzählers beginnt zu weinen, ihr Mann fordert sie aus Angst zur Beherrschung auf.

(32) Nach dem Bombenangriff gehen der Ich-Erzähler, seine Eltern sowie Herr und Frau Resch nach Hause. Im Hausgang entdecken sie Friedrich, den Herr Resch vertreiben möchte. Die Mutter des Ich-Erzählers versucht sich für Friedrich einzusetzen und bemerkt, dass der jüdische Junge offenbar ohnmächtig ist. Nach einer spöttischen Bemerkung und der Verwunderung über das Mitgefühl seiner Mieterin für Juden versetzt Herr Resch Friedrich einen Tritt. Friedrichs Körper rollt auf den Gartenweg – er ist bereits tot. Zynisch bemerkt Herr Resch, Friedrich habe Glück, auf diese Weise gestorben zu sein.

Unterrichtsschwerpunkte

- letzte Stufe der antijüdischen Maßnahmen der Nationalsozialisten und die Folgen für Familie Schneider
- Gewalt
- Reflexion über Widerstand und Handlungsalternativen

Zu den Kopiervorlagen

KV Seite 55

Protokoll eines Abtransports
Bei dieser Kopiervorlage rekonstruieren die Schüler den Ablauf der Ereignisse im Kapitel „Besuch". Sie begreifen, dass eine Dokumentation der Ereignisse eine wichtige Quelle darstellt, um die verantwortlichen Nationalsozialisten zu überführen. Der Stundeneinstieg zu dieser Kopiervorlage empfiehlt sich über den Titel „Besuch". Die Schüler nennen ihre Assoziationen zu dem Begriff und vergleichen sie anschließend mit den Ereignissen des Kapitels. So erkennen sie die Ironie, die sich hinter dem Titel verbirgt.

Unter „Sie haben Recht gehabt, Herr …" finden Sie eine Möglichkeit zur Vertiefung (siehe S. 53).

Lösung
Aufgabe 1:
- Zielpersonen: Herr Schneider, Friedrich Schneider
- Kennzeichen: Juden
- Ziel: Verhaftung und Abtransport in Arbeits- und Konzentrationslager
- sonstige wichtige Informationen: Vermieter Herr Resch wohnt im Erdgeschoss, befreundete Nachbarn der Familie Schneider leben im ersten Obergeschoss, Familie Schneider wohnt im Dachgeschoss.

Aufgabe 2:
Familie Schneider öffnete die Wohnungstür nicht. Herr Resch schloss die Tür mithilfe eines Zweitschlüssels auf. Anwesend waren die Zielperson Herr Schneider und ein Rabbiner. Zwei Polizisten führten den Rabbiner und Herrn Schneider in Handschellen ab. Ein Kollege unterband einen Gesprächsversuch des Juden Herrn Schneider mit seinem Nachbarn durch einen Schlag auf den Mund. Der Vermieter wies verärgert auf eine noch fehlende Zielperson hin. Die Nachbarsfamilie, die den Einsatz beobachtet hatte, wurde zum Gehen aufgefordert.

KV Seite 56

Ein letztes Wiedersehen

Als Einstieg in diese Kopiervorlage eignet sich ein Unterrichtsgespräch über die emotionale Bedeutung von Fotos. Die Schüler erzählen von einem für sie bedeutsamen Foto und erkennen, dass damit oftmals positive Gefühle verbunden sind. Auch für Friedrich ist das Bild von seinem ersten Schultag mit seinen Eltern ein wichtiges Erinnerungsstück. Aufgrund der eigenen Erfahrungen können die Schüler Friedrichs Suche nach Halt nachvollziehen, den er in einer guten Erinnerung finden möchte. Die Kopiervorlage greift diese Suche auf und thematisiert darüber hinaus Friedrichs Suche nach Unterstützung. Er hofft auf Solidarität, stößt damit aber bei den Eltern des Ich-Erzählers an Grenzen. Für dieses Spannungsverhältnis sollen die Schüler sensibilisiert werden. Nach der Bearbeitung der Kopiervorlage bietet der Vorschlag „Ein Standbild bauen“ ein handlungsorientiertes Angebot zur vertieften Auseinandersetzung (siehe S. 54).

Lösung
Aufgabe 1:
Friedrichs Aussehen: schmutzige Kleidung, schmutzige Hand, ohne Hemd
Grund für Friedrichs Besuch: Bitte um das Erinnerungsfoto vom ersten Schultag
Friedrichs Verhalten: ängstliche Blicke, schreckhaft, schweigsam, stockender Bericht, Hinunterschlingen des Essens

Aufgabe 2:
Reaktionen der Eltern des Ich-Erzählers vor dem Sirenenalarm: Essen, Bad, Kleidung, Bildersuche = Hilfe, Fürsorge und Verständnis für Friedrich

Aufgabe 3:
Reaktion der Mutter nach dem Alarm: will Friedrich in den Keller mitnehmen
Rolle der Mutter: erfolglose Helferin
Reaktion des Vaters nach dem Alarm: will Friedrich aus Angst in der Wohnung lassen
Rolle des Vaters: ängstlicher Mitläufer

KV Seite 57

Wer hilft Friedrich?

Mit dieser Kopiervorlage können zentrale Inhalte aus dem Kapitel „Im Keller“ in ein Interview umgearbeitet werden. Die Textform ermöglicht eine Reflexion zum Ablauf der Ereignisse und spiegelt die Opfer-Täter-Zuschauer-Problematik wider. Lassen Sie die Schüler die Fragen am besten in Partnerarbeit ausarbeiten. Danach tragen die Schüler ihre Interviews vor der Klasse vor. Die Zuhörer ergänzen gegebenenfalls die Vorschläge oder überarbeiten ihre Interviews. Im Anschluss an die Bearbeitung des Arbeitsblattes bietet es sich an, die Situation im Keller zu reflektieren. Einen Schreibanlass dazu finden Sie unter „Was wäre gewesen, wenn …?“ (siehe S. 53).

Mögliche Lösung
Aufgabe 1:
- Wer befand sich an dem betreffenden Tag in eurem Luftschutzkeller?
- Wie reagierte der Luftschutzwart auf die Abschüsse der Abwehrkanonen und die Bombeneinschläge?
- Warum öffnete der Luftschutzwart schließlich die Tür?
- Ließ der Luftschutzwart Friedrich herein?
- Hatte denn niemand Verständnis für Friedrichs Lage?
- Durfte der Junge am Ende den Luftschutzkeller betreten?

Aufgabe 2:
(in Stichwörtern)

- pro: Rettung eines (unschuldigen) Menschenlebens, Sinnlosigkeit des Krieges / der Luftangriffe, keiner soll unter Grausamkeit des Krieges leiden
- kontra: Angst vor Anzeige des Luftschutzwarts und den Folgen, Schutz des eigenen Lebens

KV Seite 58

Friedrich hat es nicht geschafft

Die Kopiervorlage bietet einen emotionalen Zugang zum bedrückenden Ende des Romans: Die Schüler halten ihre Eindrücke aus der Schilderung der Szenerie nach dem Bombenangriff zunächst künstlerisch fest. Welche Mal- oder Gestaltungstechnik sie anwenden wollen, können sie frei entscheiden. Die Zerstörungskraft des Krieges und das Entsetzen werden so visualisiert. Auf diese kreative Arbeit folgt eine analytische Auseinandersetzung. Dies bietet sich an, da subjektive und objektive Wahrnehmungen das Fremdverstehen stützen. Zudem orientieren sich die verschiedenen Zugänge zu der Thematik an den unterschiedlichen Lerntypen. Da Herr Resch von Friedrichs Tod unberührt bleibt, untersuchen die Schüler in einem weiteren Schritt gemeinsam die Ironie und den Sarkasmus des Schlusssatzes. Der Schreibanlass „Ein Abschiedsbrief" (siehe unten rechts) kann sich als Vertiefung anschließen.

Lösung

Aufgabe 2:

- Mutter des Ich-Erzählers: Angst, Verzweiflung, Mitgefühl
- Vater des Ich-Erzählers: Unsicherheit, Sorge, Resignation
- Herr Resch: Verachtung, Feindseligkeit, Gewalt

Hinweis: Frau Resch tritt im gesamten Roman kaum in Erscheinung, daher erweist sich eine nähere Betrachtung ihres Verhaltens als schwierig. Auch die Gefühle und das Verhalten des Ich-Erzählers werden im Schlusskapitel ausgespart.

Aufgabe 3:
z. B. Für Herrn Resch als überzeugter Nazi ist Friedrichs Tod eine Genugtuung. Seine Äußerung ist sarkastisch und ironisch zu verstehen. Er weiß, dass die Nationalsozialisten Juden gezielt umbringen. Da Friedrich infolge eines Bombenangriffs der Alliierten stirbt, entgeht er nach Herrn Reschs Auffassung dem Tod bei Massenerschießungen oder in einem Arbeits- oder Konzentrationslager. Menschen, deren Arbeitskraft sich noch nutzen lässt, werden zunächst noch ausgebeutet, die anderen werden von den Nationalsozialisten sofort ermordet. Wieder andere sterben infolge tödlicher medizinischer Experimente.

Gesprächs- und Schreibanlässe

„Sie haben Recht gehabt, Herr …"

Die Schüler beschäftigen sich näher damit, was Friedrichs Vater mit dem Satz: „Sie haben Recht gehabt, Herr …" (S. 145) im Kapitel „Besuch" meint. Zunächst denkt jeder Schüler über die Aussage nach und ergänzt, womit der Vater des Ich-Erzählers Recht hatte. Ziel ist es, Herrn Schneiders Behauptung mithilfe eines inhaltlichen Rückblicks zu stützen und die Schüler für die antijüdischen Maßnahmen und Gewaltexzesse zu sensibilisieren.

Möglicher Arbeitsauftrag:

- Vervollständige, was Herr Schneider zum Vater des Ich-Erzählers sagen wollte: „Sie haben Recht gehabt, Herr …" (S. 145)
- Beziehe dafür den Inhalt des Kapitels „Gründe" mit ein.
- Präsentiert eure Ergebnisse und diskutiert sie in der Klasse.

Was wäre gewesen, wenn …?

Die Schüler verändern den Schluss des Kapitels „Im Keller". Eine Umgestaltung ist deshalb bedeutsam, da sie durch ihre Imaginationsfähigkeit in das Geschehen eingreifen und erfahren, dass es Handlungsalternativen gegeben hätte. Vergegenwärtigen Sie der Klasse noch einmal die Szene zwischen Herrn Resch und dem Feldwebel und lesen Sie folgenden Satz vor: „Friedrich lehnte noch immer bleich in der Schleuse, er hatte sich wieder beruhigt." (S. 157) Anschließend schreiben die Schüler in fünf bis zehn Sätzen ein alternatives Kapitelende.

Ein Abschiedsbrief

Das Kapitel „Ende" spart die Gedanken und Gefühle des Ich-Erzählers aus. Verfasse einen Abschiedsbrief des Ich-

Erzählers an Friedrich, in dem du die gemeinsame Zeit reflektierst und dich von Friedrich verabschiedest. Beziehe dabei auch die Schlussszene mit ein.

Kreativ aktiv

Ein Standbild bauen

Die Abschiedsszene im Kapitel „Das Bild“ lässt sich in ein Standbild umsetzen, um die unterschiedlichen Gefühle der Beteiligten zu verdeutlichen. Dabei stellt ein Schüler den Augenblick nach, in dem Friedrich die Entscheidung der Eltern seines Freundes akzeptiert, aber dennoch große Furcht zeigt (vgl. S. 153). Drei weitere Mitschüler ergänzen das Standbild um den entschlossenen Vater, die Mutter, die vor dem Entschluss ihres Ehemannes kapituliert, und den Ich-Erzähler, der die Situation stumm akzeptiert. Die übrigen Schüler schildern während der Betrachtung des Standbildes ihre Eindrücke oder interpretieren die vorliegende Szene.

Protokoll eines Abtransports

Für eine Anklage der Verantwortlichen benötigen die Alliierten nach dem Ende des Zweiten Weltkriegs möglichst genaue Angaben über den Abtransport von Herrn Schneider und dem Rabbiner.

1. Rekonstruiere einen Aktenvermerk über den Einsatzbefehl des leitenden Polizisten.

2. Ergänze danach den Ablauf des Polizeieinsatzes in Form eines Protokolls.

Einsatzbefehl:

Zielpersonen:	
Kennzeichen:	
Ziel:	
sonstige wichtige Informationen:	______________________________ ______________________________ ______________________________

Ablauf des Polizeieinsatzes:

Familie Schneider
Herr Resch
Anwesend waren ______________________________ ______________________________
Zwei Polizisten ______________________________ ______________________________
Ein Kollege ______________________________ ______________________________
Der Vermieter
Die Nachbarsfamilie ______________________________ ______________________________

Ein letztes Wiedersehen

Unerwartet erscheint Friedrich nach dem Polizeieinsatz in der Wohnung der Familie des Ich-Erzählers.

1. Beschreibe Friedrichs Aussehen und Verhalten und nenne den Grund für seinen Besuch.

2. Ergänze die Reaktionen der Eltern des Ich-Erzählers vor dem Sirenenalarm. Wie lässt sich ihr Verhalten zusammenfassend beschreiben?

3. Trage die Reaktionen der Eltern nach dem Alarm ein. Beurteile anschließend dieses Verhalten und benenne, welche Rolle die Mutter und der Vater in dieser Situation einnehmen.

Grund für Friedrichs Besuch:

Friedrichs Aussehen:

-
-
-

Friedrichs Verhalten:

-
-
-
-

Reaktionen der Eltern des Ich-Erzählers vor dem Sirenenalarm:

-
-
-
-

=

SIRENE

Reaktion der Mutter nach dem Alarm:

-
-

Rolle der Mutter:

Reaktion des Vaters nach dem Alarm:

-
-

Rolle des Vaters:

Aufbruch in den Luftschutzkeller

Wer hilft Friedrich?

Nach Friedrichs Besuch sucht die Familie des Ich-Erzählers aufgrund des Bombenalarms den Luftschutzkeller auf. Hilfesuchend hofft Friedrich, dort auch Platz zu finden. Nach dem Krieg greift ein Journalist die Situation für ein Interview mit dem Ich-Erzähler auf.

1. Vervollständige das Interview, indem du die passenden Fragen zu den Antworten formulierst.

Journalist:	Ich berichte über die Situation der Menschen während der Bombenangriffe. ______
Ich-Erzähler:	Im Keller saßen oder lagen Frauen und alte Männer mit Gepäck. In einer dunklen Ecke warteten zwei Mütter mit Kleinkindern. Ich sah noch ein Liebespaar. Der Mann war Feldwebel.
Journalist:	
Ich-Erzähler:	Er schloss auch die zweite, innere Tür hinter der Schleuse. Dann hämmerte plötzlich jemand gegen den Eingang.
Journalist:	
Ich-Erzähler:	Der Luftschutzwart war natürlich neugierig. Außerdem forderte der Feldwebel ihn auf, die Türen zu öffnen.
Journalist:	
Ich-Erzähler:	Nein. Er brüllte meinen Freund Friedrich an und befahl ihm, zu verschwinden.
Journalist:	
Ich-Erzähler:	Doch. Der Feldwebel ergriff Partei für Friedrich, worauf Herr Resch erklärte, dass Friedrich Jude sei. Das war für den Soldat und auch für die übrigen Anwesenden aber kein Gegenargument.
Journalist:	
Ich-Erzähler:	Nein. Unser Luftschutzwart schrie den Feldwebel an, weil dieser sich seiner Ansicht nach in seine Angelegenheiten mische und ihm gehorchen müsse. Herr Resch drohte sogar mit einer Anzeige. Nach langem Zögern forderte der Feldwebel Friedrich auf, freiwillig zu verschwinden, was dieser dann auch tat.
Journalist:	Danke, dass Sie diese unfassbare Geschichte erzählt haben.

2. „Unschlüssig stand der Feldwebel und schaute Friedrich lange an. Alle schwiegen." (S. 157)
An dieser Stelle wägt der Feldwebel ab, ob er sich Herrn Resch widersetzen soll oder nicht. Was spricht aus seiner Sicht dagegen, was dafür? Schreibe einen inneren Monolog.

Friedrich hat es nicht geschafft

Nach dem Bombenangriff kehren der Ich-Erzähler und seine Familie sowie Herr und Frau Resch nach Hause zurück.

1. **Im Roman wird sehr genau beschrieben, welche Szenerie die Personen nach dem Bombenangriff auf der Straße vorfinden. Gestalte in dem Rahmen ein Bild zur Schilderung auf der Seite 157 f.**

2. **Notiere im Schaubild die Reaktionen und Gefühle der Figuren, als sie Friedrich entdecken.**

Nach dem Bombenangriff

Entdeckung Friedrichs

Mutter des Ich-Erzählers	Vaters des Ich-Erzählers	Herr Resch

3. **Der Roman endet mit der Aussage Herrn Reschs: „Sein Glück, dass er so umgekommen ist" (S. 159). Erkläre, wie Herrn Reschs Aussage zu verstehen ist.**

Kapitelübergreifende Arbeit

Die folgenden zwei Kopiervorlagen beschäftigen sich mit den übergreifenden Schwerpunktthemen politisches Bewusstsein, Wirklichkeitsbewusstsein und moralisches Bewusstsein.

Politisches Bewusstsein meint, sich bewusst zu machen, dass Herrschaftsverhältnisse eine Gesellschaft prägen. Es ist für die Schüler wichtig zu erkennen, dass das System NS-Diktatur und seine Akteure die verschiedenen Formen von Gewalt hervorgebracht und dynamisiert haben. Die Ausprägungen der Gewalt als Gesamtsicht und die Rollen der einzelnen Beteiligten sind in diesem Zusammenhang Schwerpunkte der Auseinandersetzung.

Im Fokus steht auch die Förderung des Wirklichkeitsbewusstseins. Sie ist, wie der Geschichtsdidaktiker Michael Sauer formuliert, insofern relevant, als „uns Geschichte in fiktionalen Zusammenhängen begegnet, in denen auch Imaginäres wie Reales erscheint […]“. So ist „Damals war es Friedrich“ ein fiktiver Roman, der sich an historischen Eckdaten orientiert. Für das eigene Urteilsvermögen ist die Unterscheidung der fiktionalen Handlung, d.h. das beschriebene Schicksal der Familie Schneider, von der Darstellung historischer Ereignisse, d.h. der antijüdischen Maßnahmen, eine wichtige Erkenntnis.

Bei der Entwicklung des moralischen Bewusstseins steht die angemessene Wertung von Ereignissen und Handlungen im Vordergrund. Diese erproben die Schüler dadurch, dass sie die Folgen des antijüdischen Verhaltens und der antijüdischen Maßnahmen nachvollziehen. Darüber hinaus können durch einen Blick auf antisemitistische Tendenzen in der Gegenwart Ansätze zu möglichen Gegenmaßnahmen entwickelt werden.

Unterrichtsschwerpunkte

- Formen von Gewalt
- Stufen der Judenverfolgung in Nazi-Deutschland
- Gesellschaft im Nationalsozialismus
- Antisemitismus früher und heute

Zu den Kopiervorlagen

KV Seite 62

Gewalt gegen Juden

Bereits vor der Machtübernahme durch die Nationalsozialisten im Januar 1933 existiert in der Gesellschaft eine judenfeindliche Einstellung. Ab 1933 spiegelt sich die antisemitische Politik dann in einer Vielzahl antijüdischer Maßnahmen wider. Die Daten der Tabelle auf der Kopiervorlage richten sich nach Inkrafttreten der Gesetze. Am Beispiel des fiktionalen Schicksals der Familie Schneider, deren Geschichte vor und während der Zeit des Nationalsozialismus aus der Sicht des Nachbarjungen erzählt wird, können sich die Schüler die verschiedenen Ausprägungen der Gewalt gegen die Juden und deren Dynamik vergegenwärtigen. Durch einen kapitelübergreifenden Rückblick erschließen die Schüler, wie sich das Gewaltschema in dem Roman entwickelt.

Mit der Fragestellung „Antisemitismus – auch heute noch?“ lässt sich im Anschluss ein Gegenwartsbezug herstellen (siehe S. 61).

Lösung
Aufgabe 1:

stufenweise Entrechtung	„Damals war es Friedrich“
1.4.1933: eintägiger Boykott jüdischer Geschäfte	Sachbeschädigung bei Dr. Askenase, Boykottaufruf gegen Abraham Rosenthal (S. 36–42)
7.4.1933: Zwangsversetzung jüdischer Beamter in den Ruhestand	Herrn Schneiders Zwangsversetzung in den Ruhestand (S. 57–61)
ab 1933: Einschränkungen und schließlich kompletter Ausschluss jüdischer Schüler an deutschen Schulen	Ausschluss Friedrichs von der öffentlichen Schule (S. 78 f.)
15.9.1933: Nürnberger Gesetze (u.a. Heiratsverbot zwischen Juden und Nicht-Juden, Verbot von nicht-jüdischen Hausangestellten bei Juden)	Frau Penks Kündigung bei Familie Schneider (S. 79–83)
17.8.1938: Juden dürfen nur noch jüdische Vornamen haben. Bei deutschen Namen müssen sie zusätzlich den Namen „Israel“ bzw. „Sara“ annehmen.	Friedrichs Bloßstellung im Schwimmbad (S. 92–94)

9./10.11.1938: Reichspogromnacht	organisierte Ausschreitungen, Sachbeschädigung und Gewalt gegen Dr. Askenase, Abraham Rosenthal, das jüdische Lehrlingsheim und Familie Schneider (S. 106–113), Frau Schneiders Tod als Folge der Ausschreitungen (S. 113–118)
12.11.1938: Juden dürfen keine Geschäfte und Handwerksbetriebe mehr führen.	Herrn Schneiders Kündigung als Abteilungsleiter (S. 120)
12.11.1938: Juden dürfen keine Theater, Kinos, Konzerte und Ausstellungen mehr besuchen.	Friedrichs Rauswurf aus dem Kino (S. 122–127)
30.4.1939: Einschränkung des Mieterschutzes für Juden	endgültige Kündigung des Mietverhältnisses von Familie Schneider durch Herrn Resch (S. 121 f.)
1.9.1941: Juden müssen einen gelben Stern (NS-Sprache: „Judenstern“) tragen.	Herr Schneider und der Rabbi müssen gelbe Sterne an ihre Kleidung nähen. (S. 137–140)
14.10.1941: Beginn der allgemeinen Deportation deutscher Juden	Herr Schneider und der Rabbiner werden festgenommen. (S. 144–146)

Aufgabe 2:
(1) z.B. Herrn Reschs Beschimpfung „Judenbengel“ (S. 21), Verbreitung antijüdischer Propaganda beim Jungvolktreffen (S. 47–49), Beschimpfung und Demütigung durch den Bademeister (S. 92 f.), antijüdisches Lied vor Friedrichs Schulklasse (S. 104 f.), Frau Schneiders Tod (S. 113–118), Friedrichs Rauswurf aus dem Kino (S. 122–127), gelbe Bänke für Juden (S. 130–132), Friedrichs Verweis aus dem Luftschutzkeller (S. 155–157)
(2) z.B. Reichspogromnacht (S. 106–113), Frau Schneiders Tod an den Folgen des Pogroms (S. 113–118), Deportation Herrn Schneiders und des Rabbiners (S. 144–146), Friedrichs Verweis aus dem Luftschutzkeller (S. 155–157), Gewalt nach Friedrichs Tod (S. 158 f.)

Aufgabe 3:
Die drei genannten Formen von Gewalt gehen ineinander über und bedingen sich gegenseitig:

- Vorurteile, Diskriminierung und damit verbundene psychische Gewalt gab es bereits vor der Zeit des Nationalsozialismus (vgl. z.B. die Kapitel „Schnee“, „Großvater“). Die Nationalsozialisten übernahmen dies in ihre Ideologie, die antijüdischen Gesetze und Verordnungen stießen so auf „fruchtbaren Boden“. Die strukturelle Gewalt wurde immer radikaler. Damit einher ging die Zunahme der psychischen und physischen Gewalt. Der Zusammenhang und die Entwicklung der Gewaltformen kann also als Gewaltspirale beschrieben werden.
- Die Ereignisse des Romans lassen sich meist nicht auf eine Gewaltform beschränken. Strukturelle Gewalt bringt psychische und/oder physische Gewalt mit sich (z.B. Reichspogromnacht), physische Gewalt ist eng verbunden mit psychischer Gewalt.

KV Seite 63

Akteure ohne Alternative?
Die Kopiervorlage enthält ein Schaubild in Anlehnung an Matthias Heyls Modell „Gesellschaft im Holocaust“ (Quelle: *https://www.fasena.de/download/heyl/Heyl%20%281999%29.pdf*). In lernschwächeren Klassen oder niedrigeren Jahrgangsstufen empfiehlt es sich, zunächst das Schaubild mit seinen Schnittmengen zu besprechen. Die Platzierung exemplarischer Figuren aus der Lektüre in Aufgabe 1 wird sicher eine Diskussion auslösen, für Aufgabe 2 sollte deshalb noch genügend Zeit eingeplant werden. Das moralische Bewusstsein der Schüler entwickelt sich, wenn sie verstehen, dass individuelle Entscheidungen der Täter und Zuschauer durchaus möglich waren. Deutlich geringere Handlungsmöglichkeiten existierten zumeist auf Seiten der Opfer.

Nicht Schuldzuweisungen sollen im Zentrum stehen, sondern das Verstehen und Beurteilen von Verhaltensweisen in jener Zeit. Deshalb gilt es, die Schüler für Handlungsalternativen zu sensibilisieren. Spätestens in Aufgabe 3 wird anhand des Ich-Erzählers deutlich, dass die Grenzen zwischen den Gruppen zum Teil fließend sind. Diskutieren Sie abschließend mögliche Handlungsalternativen des Ich-Erzählers. Eine weiterführende Unterrichtsidee finden Sie unter „Zuschauen und mitmachen heute“ (siehe S. 61).

Anmerkung zum Lösungsvorschlag: Die Einordnung der Personen kann sich nur auf die im Roman beschriebenen Ereignisse beziehen. Besonders für die Figur des Feldwebels, die hier der Gruppe der „Zuschauer“ zugeordnet wird, erscheint diese Klarstellung wichtig.

Mögliche Lösung
Aufgaben 1 und 2:

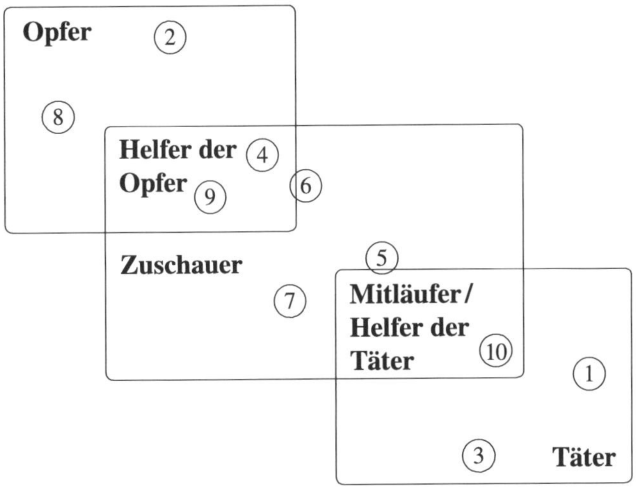

Aufgaben 3 und 4:
z. B. „Der Ball“: Helfer der Opfer (Der Ich-Erzähler versucht mehrmals, die Situation mit der zerbrochenen Scheibe aufzuklären, und bekennt seine Schuld.)
„Der Pogrom“: Täter (Der Ich-Erzähler wendet im jüdischen Lehrlingsheim Gewalt an.), Handlungsalternative: Er hätte die Gewalt ablehnen und nach Hause gehen können.
„Im Schwimmbad“: Zuschauer (Der Ich-Erzähler sieht tatenlos zu, wie der Bademeister Friedrich demütigt.), Handlungsalternative: Er hätte rational argumentieren und den Bademeister auffordern können, Friedrichs Kleidung herauszugeben.

Gesprächs- und Schreibanlässe

„Damals war es Friedrich“ – und heute?
Im Titel des Romans ist mit der Betonung auf „damals“ bereits die Frage impliziert: „Und wer ist es heute?“ Welche Personen(-gruppen) sind heute – bei uns und anderswo – von Anfeindungen und Ausgrenzung betroffen? Sind diese Fälle mit den damaligen Ereignissen vergleichbar?

Antisemitismus – auch heute noch?
Antisemitismus ist leider ein Thema, das über das Kriegsende 1945 hinaus bis in die Gegenwart reicht. Trotz öffentlicher Ächtung treten judenfeindliche Äußerungen und Handlungen immer wieder zu Tage. Deshalb reflektieren die Schüler antisemitische Verhaltensweisen und erarbeiten anschließend Maßnahmen, wie sich Antisemitismus in ihrem Umfeld verhindern lässt. Folgende Impulsfragen eignen sich dafür:

- Wo sind dir schon einmal antisemitische Äußerungen begegnet? Wie hast du reagiert?
- Hast du in den Medien von einem Vorfall gehört?
- Welche Gründe gibt es deiner Meinung nach für Antisemitismus heute?

Alternativ können Sie einen aktuellen Zeitungsbericht mit einem antisemitischen Vorfall mitbringen. Oft bietet es sich an, die versteckten Gründe hinter solchen Taten zu entlarven und Antisemitismus als vorgeschobenes „Ventil“ aufzudecken.

In starken Lerngruppen kann auch die weltpolitische Lage thematisiert werden. Der bis heute andauernde Nahostkonflikt um die Region Palästina zwischen dem 1948 gegründeten Staat Israel und den Palästinensern mit immer wieder aufflammenden kriegerischen Auseinandersetzungen ruft zum Teil judenfeindliche Parolen hervor. Im August 2014 sprach der Zentralrat der Juden in Deutschland davon, dass dies „die schlimmsten Zeiten seit der Nazi-Ära“ seien. Lassen Sie dieses Zitat diskutieren. Zudem lässt sich das komplexe Thema „Nahostkonflikt“ in Gruppenreferaten aufbereiten. Oftmals beruht Antisemitismus auf Unwissenheit. In diesem Zusammenhang erscheint es besonders wichtig, zwischen der Politik der israelischen Regierung und „den Juden / den Israelis“ zu unterscheiden.

Zuschauen und mitmachen heute
Aus heutiger Sicht erscheint es leicht, die damaligen Zuschauer zu kritisieren. Deshalb sammeln die Schüler an der Tafel oder am Whiteboard Beispiele aus der Gegenwart, in denen die Gesellschaft überwiegend eine Zuschauerrolle einnimmt. Gehen Sie z. B. ganz gezielt auf das Problemfeld „Antisemitismus“ im Zusammenhang mit der Corona-Pandemie ein. Nutzen Sie die Quelle *https://report-antisemitism.de/documents/2020-09-08_Rias-bund_Antisemitismus_im_Kontext_von_covid-19.pdf* und thematisieren Sie das „Zoombombing“. Diskutieren Sie dann über das Zuschauen und Mitmachen bei antisemitischen Vorfällen der Gegenwart.

Gewalt gegen Juden

1. Im Roman wird eine stufenweise Entrechtung der Juden durch Gesetze und Verordnungen deutlich – sie erfahren Gewalt per Gesetz, sogenannte strukturelle Gewalt. Ordne den folgenden Maßnahmen der nationalsozialistischen Partei die passenden Stellen im Buch zu.

stufenweise Entrechtung	„Damals war es Friedrich“
1.4.1933: eintägiger Boykott jüdischer Geschäfte	
7.4.1933: Zwangsversetzung jüdischer Beamter in den Ruhestand	
ab 1933: Einschränkungen und schließlich kompletter Ausschluss jüdischer Schüler an deutschen Schulen	
15.9.1933: Nürnberger Gesetze (u.a. Heirats-verbot zwischen Juden und Nicht-Juden, Verbot von nicht-jüdischen Hausangestellten bei Juden)	
17.8.1938: Juden dürfen nur noch jüdische Vornamen haben. Bei deutschen Namen müssen sie zusätzlich den Namen „Israel“ bzw. „Sara“ annehmen.	
9./10.11.1938: Reichspogromnacht	
12.11.1938: Juden dürfen keine Geschäfte und Handwerksbetriebe mehr führen.	
12.11.1938: Juden dürfen keine Theater, Kinos, Konzerte und Ausstellungen mehr besuchen.	
30.4.1939: Einschränkung des Mieterschutzes für Juden	
1.9.1941: Juden müssen einen gelben Stern (NS-Sprache: „Judenstern“) tragen.	
14.10.1941: Beginn der allgemeinen Deportation deutscher Juden	

2. Neben der strukturellen Gewalt gibt es personale Gewalt in Form von (1) psychischer und (2) physischer Gewalt. Nenne zu beiden Gewaltformen jeweils zwei Beispiele aus dem Buch.

(1) ____________________

(2) ____________________

3. Diskutiert darüber, wie die Formen von Gewalt zusammenhängen.

Akteure ohne Alternative?

1. Ordne die folgenden Romanfiguren den verschiedenen Gruppen im Modell zu, indem du die Nummern in das Schema einträgst.

1. Herr Resch
2. Familie Schneider
3. Bademeister
4. Richter
5. Frau Penk
6. Helga
7. Feldwebel
8. Rabbiner
9. Lehrer Neudorf
10. Lehrer Schuster

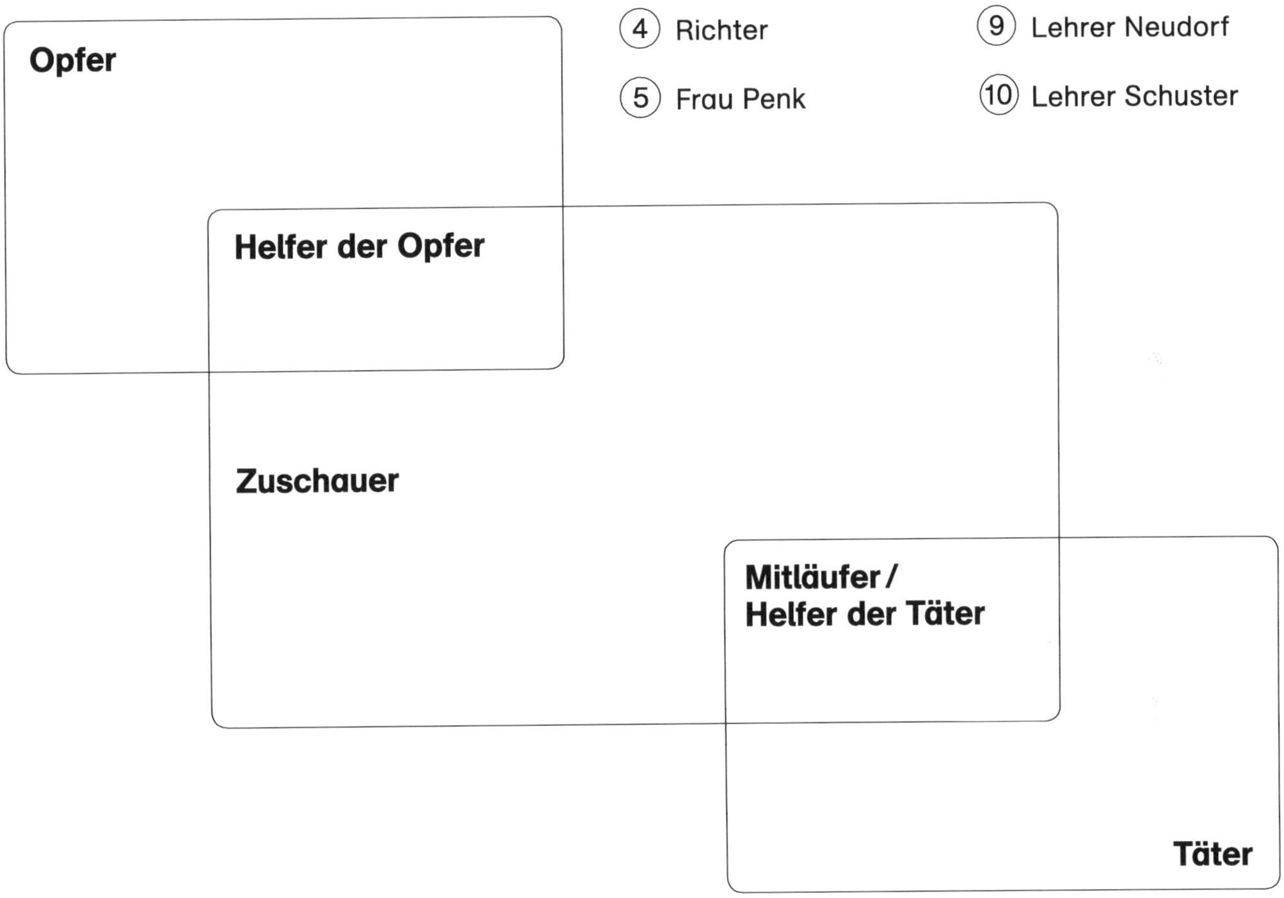

2. Vergleicht und diskutiert eure Zuordnung. Welche Personengruppe(n) lassen sich deiner Meinung nach schwierig zuordnen?

3. Wo steht der Ich-Erzähler in diesem Schema? Wähle drei konkrete Textstellen aus und ordne sein Verhalten jeweils einer Gruppe zu.

____

____

____

4. An welcher Stelle hätte der Ich-Erzähler anders handeln können? Wie? Diskutiert.

www.hase-und-igel.de
Lektorat: Patrik Eis, Anna Meißner
Satz: Claudia Trinks
Illustrationen: Johann Brandstetter

ISBN 978-3-86760-758-2
6. Auflage 2022